Bearing the Unbearable

Love, Loss, and the Heartbreaking Path of Grief

如果用心去愛，必然經歷悲傷

喬安・凱恰托蕊 著
Joanne Cacciatore, PhD
袁筱晴 譯

衷心推薦・感動盛讚

《如果用心去愛・必然經歷悲傷》是一本每個人都有福份靜靜體會的書。

德國天主教古倫神父曾說：「悲傷就是愛。」經濟社會講求效率，用微笑壓抑悲傷的結果是生病、無意義感和生活的失序；以爲用工作麻痺了、遺忘了就可以遠離傷痛。但這些未盡事宜往往吞噬我們的活力、夢想與健康。悲傷需要有出口。

本書是我讀過在面對悲慟時最好的書，凱恰托蕊博士用眞誠與勇氣分享了她的生命經驗，並提供許多實質有效的轉化儀式與小練習，幫助讀者感受到每個悲傷背後那不同形式但深深的愛。

當這個世界允許更多同理的眼淚滋潤彼此時，地球的覺醒與轉化就發生了！

孫宗民
龍巖股份有限公司業務總監
中華一世協會理事長

當生命的重要他人離世時，不論是誰，那都是揪心的刺、往內心深處刺著；當有人奉勸或試圖將那刺拔起，我們無法接受，甚至用盡一切保護這根刺，因爲那是與「他」的連結，每滴淚珠、每次崩潰時的無法自己，都源自「愛」與「思念」。愛有多深，悲慟就有多大，但生命總有同樣源自「愛」的能量，在悲慟時出現撫慰傷痛。書中每個故事都展現著因悲慟而出現的愛，撫慰每個閱讀的心。

「人的生命因爲挫折而有深度，也因爲傷痛而產生力量。」

蔡仲庭
中華一世協會／死亡體驗　講師

人常本能想要隱藏悲傷，凱恰托蕊博士卻毫不避諱，她用散文敘事式眞誠地呈現喪女的哀慟經驗，帶領讀者看到私下悲傷公開化的過程，能帶來可貴的療癒契機。做爲多年進行悲傷諮商的心理師，我非常同意她指出「療癒痛苦的方式就是置身其中」的觀點。這本日記式的生命之書，無疑帶給喪親者和實務工作者更大的勇氣，從「說」和「聽」失落故事的陪伴裡，看到悲中即有愛的道理。

鄧明宇
諮商心理學博士／仁德醫專輔導中心主任

一本實至名歸的傑作。

——羅柏特．史特羅（Robert D. Stolorow）
著有《創傷與人類存在》（*Trauma and Human Existence*，二〇〇七年）作者

關於面對悲慟過程，我所讀過的最佳著作莫過此書！讀來既令人感到揪心，同時備受鼓舞。

——依拉．以瑟瑞（Ira Israel）／赫芬頓郵報

本書看待悲慟的角度既非老生常談，也無陳腔濫調，提供如實透過悲慟成長的方法。這個方法並非超越悲慟，而是比較接近靈魂經歷化作春泥又重生的循環。某些人覺得失落彷彿斬斷他們與人性和生命循環過程的連結，但本書提供了希望。在這個花園之中，每個人都有修復與重生的機會。

——道格．柏閔納（Doug Bremner）
醫學博士，埃默里大學精神科教授
著有《下金蛋的鵝》（*The Goose That Laid the Golden Egg*，二〇一一年）

這不只是一本書，更是一份經驗。書中許多情緒煎熬的例子，保證引發讀者暗藏的淚水，本書描述強烈悲慟難以言喻的深奧及迷宮般的本質，令人讀來耳目一新，收穫良多。

——傑洛米．維菲德（Jerome Wakefield）
社會工作學博士，紐約大學醫學院教授
著有《我的悲傷不是病》（*The Loss of Sadness*，左岸文化，二〇一七年）

凱恰托蕊博士的著作充滿力量，帶著誠實與勇敢檢視人類共有的經驗，引導悲慟者重拾悲慟，重新看待這個正常而神聖的過程，當悲慟者能堅持自己定義這個過程的時候，也能邁向療癒。

——瑪麗．妮爾．維坦（Mary Neal Vieten）
博士，美國專業心理學委員會（ABPP）
戰地英雄前進非營利基金會（Warfighter Advance）執行董事

向已故的摯愛者獻上永恆的敬意

向所有信任我的哀悼者致敬
因為當他們在無以容身的悲慟空虛之中
仍願意讓我陪伴

獻給我四個走在大地上的孩子
以及翱翔天際的夏安——

此時、彼時、永遠、無量劫

悲慟造訪所有人的生命，無一豁免

我們必須記住逝者、善待喪慟者，

展現慈悲，

為了得到救贖，我們必須追憶，

回憶是我們的責任——

也是唯一的拯救。

目錄

【推薦序1】

接納悲慟，踏上心靈轉化

釋自鼐法師
台灣佛教僧伽終身教育學會　理事長

一、悲慟是怎麼一回事？

在一個北美大學校園的冬晨，陽光透過氣窗斜斜地灘灑在屋內中央的大桌上，環繞著大桌，坐著十幾位社工系的研究生。因為一起修諮商輔導課的同學，邀請我旁聽這堂社工系的課，我倆並肩坐在大桌旁。上課鈴響後，走進來一位微胖的女老師，她簡單地和大夥打招呼之後，彎下身，略為遲疑的，將手伸到一個裝滿布塊的籃子內，隨手拿起一塊薄薄的布塊，在空氣中平整的張開，……咻！毫無預警的，布塊不見了，被撕裂成兩條長布條，無力的從老師握著的手中垂下來、飄盪著……。頓時，教室的空氣凝住了，訝異和困惑漸漸瀰漫在教室內。老師輕咳了一響後，還在蕩漾的訝異，似乎稍稍地被安撫了一些。大夥深呼吸一下，微微挺身，似乎告訴自己：「嗯，可以回來上課了……。」

接著，老師說了這一段讓我至今仍然清晰記得的話：「失落親人、摯愛，就像這塊布被撕裂成了兩半一樣，無法再連接回去……。」接著，她刻意的轉動身體，舉起手中的兩條布，讓學生們更仔細看清自己眼前這不可逆轉的事實。清朗、穩重的聲音再度響起：「因此，作爲社會工作者，你要知道，你很難規勸在你眼前，正在承受錐心之痛的遺屬：『要想開一點，不要傷心，早點回到正常生活等等。』這些話，無異要他們將撕裂的布塊，重新回復原狀一般……。」眞是一語中的。借用物質上「撕裂」的動作符號，也在學術的殿堂上，定義了「悲慟」是一種「生、死」之間的斷裂，一種不可逆轉。但是，等一等，還有其他的嗎？在「不要」勸告之外，還有什麼是活著的人不能不知、不能不做？

二、悲慟是一種情緒創傷，需要陪伴和療癒

二十年前，在理性的學術殿堂上，論及悲傷照顧的層面和過程頗爲有限。然而，二十年後，隨著安寧醫護對靈性照顧的重視，諮商輔導界持續對「悲傷輔導」在理論和實務上的研究，有更多的看見和體會。然而，這仍然屬於專業學術界的成果。事實上，走筆至此，我不禁反問自己，當我對亡者的家屬說「節哀順變」之際，我是否在暗示遺屬，將悲慟封鎖在過去的記憶，就如同設置亡者的牌位一般。還是我願意告知遺屬：你已經開始走上自我探索的旅程，在那裡需要學習自我關懷的療癒。沒有人告訴我們，處在悲慟境遇的時候，我們需要停下來！面對這個「情感的傷口」，要當成類似車禍傷害一樣地看待悲慟的創傷。此情此境之際，是需要給自己時間、需要專業的知識教導我們，甚至需要一位「心靈復健師」，陪伴我們去敷傷、去復健。這本書，就是這樣一本活生生的將輔導悲慟者的歷程，從作者自身的經驗出發，透過協助個案的經驗實錄，從身體的、直觀體驗等面向，更博引各種靈性傳統的轉化方法，深

度探索生死斷裂的缺口，要告訴我們的訊息是：從悲慟的黑暗中，轉化、蛻變，進而成爲慈愛的化身，回應生離死別背後那不死意義的召喚。

失去摯愛，有千萬種不同的原因。但是由此而生的悲慟，則是整個生命的失陷，無法逆轉的失陷，彷彿將人推到一個臨界點，讓人，無法回到過往的生活，而被迫走到一個新的處境上。遇到此情此境……，有人，因此跟著這個失落隱沒入黑暗，蹲身嗚咽，從此不再起身而活。有人，躲進各種讓自己分心的癮癖中，嘗試用心牆抵住悲慟的侵入，最終只能宣告無效。然而，卻也有人直視、擁抱這悲慟境遇的黑暗，包容、接納這黑暗帶來的痛苦、憤怒、失望、妄想、懷念等等……，勇敢矗立在黑暗中、融入黑暗；能夠逐漸地不被否認的狂想、爆裂的情緒所挾持，進而能從黑暗中，觸摸到溫馨的亮光，成爲指引他人走出哀愁、悲傷的深谷中，再次回到這個世界的指引之光，成爲慈愛之光的行動家。本書的作者，就是這樣一個行動家。

三、接納悲慟的轉化力量

因爲失去摯愛，而經歷不可言喻之苦，是人生中很難迴避的情境；但是，因爲失去的悲慟而走上慈愛他人的選擇，則是一種心靈的轉化。這樣的轉化經驗，在人類文明史上早有許多智慧的洞見，例如：佛門所謂的「以苦爲師」，基督宗教肯定的「受苦者有福了」等，都不約而同觸及到本書作者所分享的核心價值：承受、轉化不可言喻之痛。本書的貢獻在於作者將個人轉化悲慟的歷程，以及二十多年的悲傷輔導經驗，藉由深度的同理，並且以敘事的手法重現悲慟者各種情境，因而能提供讀者各種具體可行的自我關懷方法，讓讀者學習到：面對失去之痛，需要時間學習如何自我關懷和療癒。更且，本書介紹不少因爲「失去」而傷心欲絕的個案，從面對、關照個人的悲慟之後，進而將悲慟轉爲助人的動力。這些實例活活潑潑地揭示：悲傷療癒過程中逐步的接納，能帶領人們與這不可逆轉的悲慟，有不一樣的連結——因爲接納而能承受；因爲承受，進而能夠感知、體諒他人悲慟之苦。由此，關愛他人的力量也隨之逐步綻放，如同浴火後重生的鳳凰一般。生命之苦，成爲試煉慈悲和智慧。

【推薦序2】

面對才是療癒的開始

花蓮慈濟醫院社區醫學部副主任
許瑞云醫師

死亡是人生必然要面對的課題，不少人問過我該如何陪伴安慰失去親人的哀慟者。面對痛失摯愛的親友，如果用錯方式安慰或講了不恰當的話，很可能會造成他們更大的傷痛。

本書《如果用心去愛．必然經歷悲傷》的作者，是一位母親，她將失去孩子的親身經驗寫下來和讀者分享，因爲走過這樣的歷程，作者後來進入該領域從事寫作和研究，幫助世界各地許多同樣經歷喪親之痛的人，一起將哀慟轉化爲平靜的力量。

本書前半部點出許多我們在安慰受喪親之痛的人時，很容易產生的問題，包括不當的言語、眼神、態度和行爲。書中給予安慰者建議，告訴我們如何眞正的同理和陪件，才不會讓喪親之痛的親友感到被二度傷害。

書的後半部，作者以親身經歷和多年來的研究及輔導經驗，告訴我們失去至親的創傷過程可以如何被療癒。很多人會想盡辦法避開這樣的劇痛，儘量不想也不提，但一味逃避卻往往扼殺了被療癒的可能性。作者建議我們要去切切實實的經驗和面對巨大的痛苦，因爲面對才是療癒的開始。

只有在如實經歷和體會自己難以承受的痛苦過程中，我們才能學會接受「痛苦是無可避免的」，也才能坦然面對自己的「無助感」。一旦我們接受了這樣的事實，就能啓發慈悲心，而慈悲的對象最初往往是自己，慢慢的，就會對所有眾生之苦都能懷有慈悲心。

既然死亡是我們無可避免的課題，每個人都應該學習去面對，本書給了我們很好的建議，讓我們幫助自己和他人面對失親之痛。

【推薦序3】

通往智慧及猛烈慈悲心之門

傑佛瑞・儒本博士（Dr. Jeffrey B. Rubin）❶

我們活在一個動盪不安的世界裡，失落與悲慟似乎以越來越快的腳步襲擊我們。我們的文化對於快樂的追求沒有止境，幾近上癮而無法自拔，這或許是一種潛意識的企圖，因爲我們想要迴避內心否認的憂傷——悲慟就像禁忌話題，被視作一種病態的呈現，所有人極力避免去面對。悲慟者常得到這類建議，像是「事情要往好的方面想」、「保持正面思考」及「看看自己擁有的」，基本上這種話通常都沒有幫助。當這一類空泛的陳腔濫調不管用的時候，苦悶者往往以藥物麻痺自己。這種情形也讓遭受失落的悲慟者，因爲找不到處理痛苦的方式而產生罪惡感或羞恥感。創傷的重點❷以及有能力承受創傷的關鍵，就是爲我們的感覺找到情緒依歸。我們所忽視、壓抑或噤聲的悲慟，對個人、家庭與周遭的人會造成傷害。恰如喬安·凱恰托蕊博士（**Dr. Joanne Cacciatore**）在這本精彩之作中描述的，這份傷害導致「成癮症、虐待及暴力，而且通常針對弱小的對象，例如孩子、女性、長輩和動物。」

此書的作者、亞利桑那州州立大學副教授凱恰托蕊博士，是處理創傷失落及悲慟的專家，也是禪師與歷經喪女之慟的母親，她爲我們指出一條更健康的道路。凱恰托蕊博士匯集二十多年來的臨床經驗、研究中的發現、佛教、基督教、猶太教、美國原住民智者的智慧和西方心理學，她描述悲慟帶來的情緒衝擊，以及療癒和轉化之中包含的心理、關係以及靈性元素。這本動人而深刻的書，對於時下急欲否認負面情緒，

譯註：

❶傑佛瑞·儒本博士是《佛學與心理治療：邁向整合》（*Psychotherapy and Buddhism: Toward an Integration*）與《活力的藝術：在瘋狂世界保持清醒及尋找真愛——東西方法新探》（*The Art of Flourishing: A New East-West Approach to Staying Sane and Finding Love in an Insane World*）的作者。

❷如精神分析學家羅伯特·史特羅（Robert D. Stolorow）在《創傷與人類存在》（*Trauma and Human Existence*）一書中提出的有效建議。

只想麻痺情緒苦痛的反悲慟文化提供絕佳的平衡。

在某幾個章節，她針對一些主題深入探討，例如：若我們沒有理解和處理悲慟及創傷會付出什麼樣的代價、跨世代的悲慟、罪惡感及羞恥感、失落與愛之間的關係，與悲慟共處的練習，以及儀式和小儀式的價值；她同時闡明個人、醫學及精神治療中用來否認與壓抑悲慟、麻痺悲慟和哀悼的策略，但是也提供療癒的途徑。本書對於我們「慈悲心不足」及對快樂上癮的文化提出發人深省的觀察，當我們的文化如此時，我們不但無法貼近自身的感受，更難以用健康的方式感受心中的悲慟。凱恰托蕊博士說明了當傷心欲絕的失落者把悲慟視為不健康的狀態，因此（刻意）忽略和拒絕經歷情緒時所需要付出的代價，當他們陷入這樣的思維，不但會自我懷疑、感覺受到孤立、與人疏離，也排除療癒自己的可能性。

此書希望提供一個機會讓創傷及悲慟情緒得以療癒，並且對人類經驗中所有可能出現的感受表現堅定的尊敬，進而為我們的哀慟情緒提供一個安全的港灣。這些時而感人、時而令人心碎的故事來自於她的執業生涯及個人生命，凱恰托蕊博士不僅幫助了六大洲數以千計的悲慟者，也爲我們示範幫助療癒的必要元素，個案們都親暱稱呼她爲「喬喬」。凱恰托蕊博士大無畏的眞誠態度，不但展現了啓發人心的勇氣，更爲同理心做出絕佳示範，對於客戶的悲慟，她總是待以耐心和慈悲，同時保持一顆好奇與安忍的無畏之心。讀者們可能也會（在閱讀過程中）感受到自己細膩的轉化。

《如果用心去愛．必然經歷悲傷》不只提供精采的療癒故事，也是個令人驚奇的見證，此書讓我們看到，以慈悲對待悲慟時能產生奧妙及轉化的力量，我們的心會成長，慈悲會增加，生命更能活出意義。受創者與一般人活在截然不同的心理宇宙中。因爲遭到失落和悲慟撕裂，受創者反而能從日常生活中渾渾噩噩過日子的狀態覺醒。凱恰托蕊博士說明兩種轉化的方式，一是升起高度的感恩之心，二是她所謂的「猛烈慈悲心」。已故的諾貝爾和平獎得主、意第緒語作家埃利．維瑟爾（Elie Wiesel）曾說：「沒有人心懷感激的程度能與黑暗王國的倖存者相提並論。」在凱恰托蕊博士的書中，我們看到一些遭受創傷的悲慟者，後來卻教導我們如何增進感恩之心與服務他人。因爲全然經歷悲慟，他們升起「猛烈慈悲心」，幫助我們從麻木中醒來，更加全心全意活著。這份慈悲心幫我們承擔更多責任，跨出自我的藩籬，幫助受困於悲慟情緒者，凱恰托蕊博士相信這是療癒世界的力量。

書中充滿溫暖人心的故事以及原創性的洞見，也讓我們知道痛苦可以是一扇通往智慧及猛烈慈悲心之門。凱恰托蕊博士強調，我們不只要與痛苦同在，也要採取行動。這本書不僅拓展思維、溫暖人心，進而滋養靈魂；不只批判「避免悲慟（所造成的問題）」、重視同理心與慈悲心，同時也邀請我們過一個更加開放、充滿關懷，同時具備勇氣及服務精神的人生。

我全心推薦此書給遭受失落者、心理健康專家及靈性追尋者、研究人權主義的老師、學生，以及任何渴望全然活出生命、活得更圓滿的人。在讀完凱恰托蕊博士這本美妙的著作後，你不僅更知道如何處理自己與他人的悲慟，也能用更有智慧的方式去生活及愛人。

【譯者序】

溫柔而堅定的力量

袁筱晴

當我拿到本書的書稿時，充滿好奇。是什麼樣的人會想要研究悲慟，以及撰寫和悲慟有關的書？這會是一趟怎麼樣的閱讀旅程？當至親逝去而必須面對悲慟，絕非易事。當我們陷入這樣的生命情境，或周遭的親朋好友遇到了這種狀況，即使有心想幫忙卻使不上力，該怎麼辦？

埋頭坐在電腦桌前對著螢幕和書稿的日子裡，我一邊帶著眼淚及微笑翻譯，同時找到了答案。我在許多失落的故事中感受到那份椎心刺骨之痛，同時一窺悲慟的本質，也明白了爲什麼正視自己及他人的悲慟如此重要。正如凱恰托蕊博士在書中強調的，面臨悲慟與失落的當事人，她往往不設定「恢復的目標或方向」，她重視的是如何提供安全的空間讓失落者如實經歷湧上來的情緒或念頭，閱讀本書就像是親身走過一趟陪伴悲慟者的旅程，讓悲慟者覺得被了解，也讓陪伴者對於悲慟狀態有更多理解，進而產生同理心。

我在她的字裡行間感受那股堅定而溫柔的力量——這股力量並非憑空得來，而是透過再三如實經歷失去女兒的劇痛，不抗拒，也不執著，就只是去經歷當下痛苦的感受，所慢慢生長出來的力量，要具備這份力量，先要必須不害怕粉身碎骨，願意臣服，因爲莫大的勇氣，她不但親身經歷這個過程，並且持續在這條路上幫助其他人這麼做。

翻譯這本書的過程中，我學習到看待悲慟情感的不同觀點。因凱恰托蕊博士自身失落與悲慟的經驗，而點出一般大眾面對悲慟的方式，如何影響悲慟者表達（或不表達）他們的情感。日常生活中，表達悲慟，甚至看到或聽到悲慟，都是不尋常的事，通常悲慟就只在告別式當天，或在那前後一陣子發生。許多人的生命中都經歷過悲慟，但是我們只習慣在初期表達強烈的悲傷，之後對逝者的思念和不捨就只能放在心裡，讓時間將之沖淡。她進一步指出，這些沒有被表達的情緒對於另一半、親子之間以及未來世代及社會的影響，需要更多的關注。

此書同時提供許多練習方法，讓願意如實去經歷悲慟的人知道他們可以透過什麼方式幫助自我療癒，更寶貴的是，凱恰托蕊博士爲我們指出，悲慟沒有特定的時間長度，也沒有某種表達方式，每個人的悲慟經驗都是獨一無二的。對曾有悲慟情緒卻不知如何跟他人表達或訴說的經驗者，讀到這句話，應該都鬆了一口氣吧！我認爲，每個人的悲慟，就如同令人懷念的逝者在我們心中獨特的面貌一樣特別、一樣不可取代。而這一點恰好引領我們走到本書中最令我受用的其中一個觀念：不入悲慟，則難入愛。

談到悲慟，往往令我們心生畏懼，但是我們忘記如果因爲失落而經歷深刻的悲慟，那也正是因爲我們曾經深刻的愛。假如因爲恐懼抹滅了悲慟，是否同時也將曾有的愛拒於門外呢？還好凱恰托蕊博士提醒了我們這一點，還好她懂，所以我們在不同的章節裡面，或哭泣，或微笑，都是因爲這些生命故事打動我們的心，而讓我們願意鼓起勇氣，重新敲開悲慟的章節，並且知道我們並不孤單，知道有人懂得，還有很多人曾經、正在或即將面臨這段旅程。

很慶幸能夠以譯者的身分將這本書分享給更多中文讀者，不論您是正在經歷悲慟者，或是需要陪伴他人度過失落的情緒，相信凱恰托蕊博士面對悲慟平實的處理態度及深富同理心的文字，都能讓您在閱讀的過程中知道您並不孤單。

在此特別感謝楊書婷老師以及法鼓文理學院的翻譯夥伴對我在翻譯上的指導與支持；同時，也非常感謝橡樹林的嘉芳總編輯，和編輯璧如在翻譯過程中給予的協助與鼓勵。最後，要感謝長期關心及推動身心成長，而願意為此書作推薦序的許瑞云醫師以及自鼐法師，以及所有提供推薦短文和掛名推薦的專家們，謝謝你們對這個主題的關注，讓更多人能學習到面對自己悲慟的方式，同時更知道如何關心周遭經歷悲慟過程的親朋好友，期許這本書讓更多人了解這個生命課題，並且得到更多力量來面對這一段人生的經歷。

前言

若想遺忘，只會讓放逐變得更漫長
救贖的祕密就在於回憶。

——理查．馮．懷薩克（Richard Von Weizsäcker），前任德國聯邦總統

1.

有這麼一個地方，一個不可侵犯的所在，她的名字在這裡得到安置，經過千錘百鍊，烙印在我內心深處的縫隙中。

我埋葬寶貝女兒夏安那天，天氣炎熱。我就這樣看著身著灰衣的男人鏟起柔軟的土，灑在光滑的粉紅色棺木上，裡面裝著她包裹好的小小身軀。認識她的人不多，所以葬禮場面不大。

沒有年輕的朋友前來道別，哀嘆她的早逝；沒有老師誇口盛讚她有多優秀，也沒有看她長大的鄰居說會想念她的笑容。那裡只有我，至少，感覺起來只有我，對於她的驟逝，胸中燃燒熊熊不平。

不過幾個小時之後，我親手蓋上棺木。除了「在那天，我也跟著她一起死了」之外，再也找不到任何字句能夠形容那樣的失落，我的身體、我的情緒，甚至連我的存在也經歷失落。

死神爲何不請自來？

這件事情並非我所願。

我痛恨跟這件事有關的一切。

我記得我問自己，爲什麼發生這樣的悲劇之後，世界還能照常運行？我想對著每輛行經墓園的車子尖叫！樹上的鳥兒影子剛好落在她的墓碑上，我也想對牠們大吼！我希望草不要長、雲不要飄，所有其他被埋在這裡的孩子們通通不要死……。

慢慢的，幾小時變成幾天、幾天變成幾週，悲慟越來越嚴重，蔓延到我身上每一個層面。感覺起來就像身體每天重複經歷死亡，從張開眼睛的剎那，到鮮少闔眼的睡前。就連呼吸都會痛，整個人充滿排山倒海而來的痛苦，從髮梢到趾間，一寸都躲不過。

深夜時，我像一頭囚禁在牢籠的野生動物，來回踱步，尋找我的小寶貝。她的身體不復存在，但是我身上每一個部分都按照演化的設計想與她共處，餵她母乳、哄她不哭、觸摸她的肌膚。因渴望所造成的劇痛永遠無法被撫慰，這使人發狂，許多時刻我甚至懷疑自己清醒的程度。當時我不知道自己正在改變，我正因苦痛而轉化，但是，即使當時能意識到這點，也絲毫無法減輕那種痛苦。

時至今日，只要她能回來，我仍然願意放棄一切……。

※ ※ ※ ※ ※

當我們身邊所愛之人過世時，生命會變得難以承受。

但是生與死要求我們承受這份失去，忍受那難以承受的苦，經歷那難以經歷的。

《如果用心去愛，必然經歷悲傷》是我內心的表達與生命的作品，苛求又難纏，卻也充實又富有活力。

這本書不讓你以靈性作爲逃避問題的藉口，也不讓你避開悲慟的苦，這並非本書的目的。當我們深深愛過，必得深深哀悼，深刻的哀傷表達出深刻的愛。悲慟與愛互爲一體兩面，缺一不可。

但是我希望這本書能做到的，是爲你提供一個安全空間去感受，你可以與你那合乎情理的破碎的心在一起。此書邀請你與憂傷磨人的劇痛共存、棲身於你喪慟靈魂的暗夜之中，不管多麼煎熬、無論多麼痛苦，與之同在。

喪慟（bereave）這個字源於一個古老的英文單字befearfian，意思是「剝奪、拿走或遭掠奪」，當死亡搶奪我們，我們的哀悼和失落會隨著時間產生共鳴。我們爲明天哀悼、爲下個月哀悼、爲明年哀悼，我們畢業時哀悼、婚禮時哀悼、迎接新生命也哀悼，所以死亡時也哀悼。悲慟包含著數不盡的片段、數不盡的時刻，每個部分都值得哀悼。透過所有的悼念，我們全身上下每個細胞很清楚某個人不在了，而我們的心中有一個永遠都填補不滿的空間。

隨著摯愛者往生，昔日的我們已不復見，我們開始變得不像本來的自己，而是以一種陌生的方式存在於這個世界上。我們並不想這樣，這跟我們計畫好的不一樣，事情不**應該**是這樣子的，但即使我們的心輕嘆著「不，不，不！」這也是我們僅有的。此時我們發現自己感覺無依無靠、趴在地上或雙膝流血跪著，伸出雙手，祈求解脫。

死亡是殘酷的——就某種程度來說，那的確是。但悲慟不該因此受到責怪。

也許我們永遠無法接受我們的孩子、雙親、配偶、孫子、朋友或摯愛逝去，但可以學習如何接受對這份失落的**感受**，這樣的痛苦在我們心中哪個部分最爲強烈？它的大小與質地如何？其進度與深刻程度如何？隨著時間過去，悲慟會發生變化，從一個令人畏懼又不受歡迎的入侵者，可能會變成一位讓人越來越熟悉、沒那麼可怕的同伴。

請別誤會，我們因失去摯愛而有所改變，這是從古至今皆無可避免且總會發生的，那是超乎常人能想像的痛苦。心理學家羅洛．梅（Rollo May）寫道：「要成爲一個完整的人，必先經歷痛苦。」因爲棲身於悲慟之中，我們才得以經驗如煉金術般的轉化，那是無法透過旁人的規劃、催促或教導得到的。

想全然經歷悲慟得先熬過一連串內心的衝突——失落是一個偉大的謎，先讓我們粉身碎骨，再讓我們變得完整；悲慟先是掏空我們，再讓我們充滿情緒；恐懼讓我們癱瘓，但是我們居然有能力將勇氣借給他人。我們哀悼摯愛的缺席，但又祈求他們出現。我們不再是過去的自己，而是成爲更完整的人。我們熟知所有夜晚最黑暗的時刻，但也因此，我們更能把摯愛者的光帶給這個世界。

我們自相矛盾。

我們承受難忍之慟。

2.

此書的核心起於我女兒的逝去，但是開始動筆則是在一場為期六週的東岸巡迴講座時。那趟旅程帶給我的經驗，尤以回程漫長的車程最為深刻。當時我再次感受到如實關照悲慟的重要性以及這麼做所帶來的力量。

這趟旅程中，我先到維吉尼亞州的瑞奇蒙教導以悲慟為主的冥想練習。參與者在我們共同創造的空間默默哭泣著，令我想到阿姜查（Ajahn Chah）之語：「若還沒深深哭泣過，你尚未開始禪修。」所有人點燃蠟燭，然後回憶。我們抱著彼此。有的人在課程開始幾週前甫失去摯愛，有的人則是在數十年前喪失所愛。

我去到康乃狄克州紐敦鎮的貝肯家，從一個木製樓梯走下樓。在悲劇性的桑迪·胡克（Sandy Hook Elementary School）小學槍擊案發生之前，一年級的夏洛特·海倫·貝肯（Charlotte Helen Bacon）也曾在此走過。我和她哥哥碰面，他寫了一本書紀念死於非命的妹妹，並且幫我在書上親筆簽名。夏洛特的雙親和我一同到她安葬之處，周圍都是她的朋友，我們默默站在那裡。在這場難以用言語描述的悲劇面前，我們也只能無語問蒼天。

我造訪紐約，以循序漸進的方式在當地帶領一群醫療從業人員傾聽彼此的悲慟。連續四天，這些平常以照顧他人爲職責的人們終於能重新連結自己靈魂的傷口。對其中一些人來說，蟄伏的悲慟就像一張褪色的照片，經年累月下來連邊都磨損了——這些人和他們服務的對象一樣，也都需要一個安全的地方重訪舊傷。

在那場會議中，一群悲慟的母親回憶她們失落的經驗，並且分享她們失落之後，如何在生命中以服務他人的方式來憶念已故的孩子，而這些孩子們，因爲活在我們心中，成爲幫助所有人培養慈悲心的偉大老師。一位母親跟我們分享，在她的小寶貝驟逝之後，爲了避免自己因爲想不開而自我傷害，她一度受到身體約束，但是現在她能夠協助全世界的父母。另一位女士因爲一時的無心之過造成女兒意外離世，不斷遭受良心譴責；現在她正在進修，希望有朝一日成爲悲慟諮商師。還有另一位告訴我們，是什麼樣的事件導致她兩個孩子遭受凶殺，所以目前她的工作就是向與她有相同遭遇的父母伸出援手。

我聽到許多包含著愛、失落與悲慟的故事，有時是在團體中無畏分享，有時是在後方小房間悄聲告白。有時則是人們在課程或會議結束的幾小時或幾天之後，用他們覺得相對比較有安全感的方式，透過電子郵件發信給我。悲慟的故事排山倒海而來，就像經年累月醞釀的種子，以驚人的速度衝破土壤發芽。

如今，搭上回程的火車，我思索著悲慟某個奇妙的特質：當我們看入他人的眼睛，若這個人知道受苦的滋味，即使不開口，我們就知道他們懂。在認出彼此之際，這份認識雖然心痛，卻也療癒。

我一而再、再而三地在火車上和他人由稀鬆平常的對話瞬間進入深刻而有意義的交流，這些交流總是關於愛與失落，關於生與死。一個擁有溫和眼神及燦爛笑容的年輕人回想起自己眼睜睜看著一列火車撞死他的朋友，他卻束手無策，臉上寫著明顯的悲慟，他告訴我，雖然事隔一年，那一幕彷如昨日。我和一位帶著小孩的年輕媽媽閒聊，話題是帶著蹣跚學步的小孩搭火車多具挑戰性。聊了不久，她便問我從事什麼工作，在我據實以告之後，她開始向我傾訴長兄的死，她提到在失去長兄之後，媽媽就變了一個人，他們家族心照不宣的原則是不談論這個孩子的死，因此沒有人能聊一聊他的生平或是表達對他的愛。

有一天早上，在吃早餐的時候，我對面坐著一位南加州來的老先生，他帶著一頂強鹿棒球帽，大肚腩挺在桌上。聊著聊著，原本看著眼前優格起司的他，卻突然抬起頭來，看著我說：「我對悲慟和創傷並不陌生。」然後開始告訴我他以前在特種部隊的日子。他說：「妳絕對不會相信我看到的事，」然後滔滔不絕的告訴我，他所遇到的創傷有多嚴重——直到三十五年後還持續對他造成影響。「我既強壯又堅忍，從沒掉過一滴眼淚……。但是自從我退休後，我總是在哭，一直很情緒化。」我點點頭，感覺時機對了，便問他何時開始有這些感受。他停頓了一下，看著天花板，「呃，我不知道。但我從沒如此深刻地感受這麼多情緒，我已經開始懷疑自己是不是有問題。」在我們談話尾聲，他自己做了結論，他覺得自己現在感覺不斷湧上來的這些情緒「應該是正常的」。他說「當時因爲工作的關係，我不能展現自己的脆弱或眼淚。」

另一天早上，在吃燕麥粥的時候，一位來自聖路易州的男士告訴我有關他第一任妻子的離世。當時他並沒有給自己太多時間悲慟，幾個月之內隨即再婚，因爲他覺得自己的悲慟「如此巨大，難以獨自承受。」即便如此，這份憂傷仍然揮之不去，因此兩年後，當他們的第一個孩子出生時，他就和第二任妻子離婚了。從此他不停酗酒，也斷了和自己唯一孩子的聯繫。那些失落的傷痛在他臉上刻出一道道痕跡。

我遇到一位來自戴頓、七十八歲的退休護士，當時她正在抱怨美國國家鐵路列車的茶包只能限量供應。我跟她說我是個茶癡，所以隨身攜帶自己做的綜合有機茶包，並送了一些給她。她問我在東岸做什麼，當我告訴她時，她低頭看著自己那杯熱氣繚繞的伯爵茶，噘起嘴唇啜飲了一口，無所適從的樣子十分明顯，然後長長的嘆了一口氣。「嗯，其實，我曾經有一個女兒。」她說：「如果她還活著，年紀應該跟妳差不多。」她再度嘆氣。接下來的兩個多小時裡，她與我分享女兒的故事，窗外的景色也由綿延的山脈、充滿塗鴉的橋樑，再到幾片零散的棉花田。她女兒死於一九七四年，但她從來沒有完整告訴過別人這個故事，說完之後，她表示：「如果我女兒還活著，我想她應該跟跟妳一樣年輕又優秀。」語畢，我們兩個眼中都含著淚。

我向東回家的路途象徵著多次穿越愛與悲慟的旅程。從座位往窗外看，可以看到廢棄的操場、破舊的倉庫、剛完工的學校與欣欣向榮的農莊並排在一起。我看到乾旱的河床以及在河岸盛開的花草，也看到即將乾涸的池塘和草木青翠的溪流。這趟車程時而顛簸、令人難受，時而平靜、順暢。

火車和悲慟一樣，都有自己的節奏和幾種不同的速度，偶而也會遇到挑戰——受天候影響、被細心維護或缺乏保養，也和沿途行經的區域有關。有時候火車慢步爬行好幾公里，好讓我專注在花園市的穀倉或柯曼切國家草原的羚羊群上；有時候火車的車速又快到讓全部景色模糊一片，就連最雄偉的樹也和所有顏色混在一起，形狀難以辨認。

軌道上有些叉口，只要一個簡單的切換就能改變方向，這樣的設計提醒我，悲慟能讓我們走向否認，或讓我們走向愛；面對悲慟，我們可以選擇如實哀悼或選擇迴避傷痛。在隧道中，有些時刻如此漆黑，看不到任何一絲光線，悲慟也有這樣的時刻。我的雙眼需要時間調適，但一旦適應之後，無論再怎麼漆黑我都有辦法辨認事物。手機訊號時有時無，所以有時我能與外界保持聯絡，但有時完全切斷與世界的聯繫，悲慟也是如此。

看向窗外，我開始注意到前院和後院的對比，前院的草坪和樹木修剪得整整齊，停著保養得當的車子和紅蘋果般顏色鮮豔的腳踏車。後院卻堆滿廢棄物、不需要的東西和無用之物，看起來就像垃圾場。留在後院的事物是不要的、殘缺的、損壞的或遺忘的。多年來，在某些狀況下，後院的東西乏人問津、一文不值，雖然我們看不到這些東西，有時候甚至被掩蓋起來，它們卻一直存在。對很多人來說，悲慟就是被降級成「垃圾」般的存在，丟到後院，碰不到、不重要，也沒有影響力。丟到後院的東西就是我們不想要的東西，我們巴不得忘記。但就如同第一位統整東西德的總統懷薩克提醒的：「若想遺忘，只會讓放逐變得更漫長。救贖的祕密就在於回憶。」悲慟也是如此。

那場長達五千三百公里、耗時一百四十個小時的火車旅程，成爲我工作的縮影，我們不但需要且必要去創造一個承認悲慟存在的空間，這樣的空間更是神聖不可侵犯的。現在，我想透過這本書，邀請你跟我一起從各種不同的角度，見證與分享悲慟的核心，重拾人性的完整面。

喬安・香姬・凱恰托蕊（Joanne Kyouji Cacciatore）

瑟多納，亞利桑那州

書中提及之悲慟練習列表

1 他人在我們悲慟中擔任的角色

我們悲泣，這可愛之人生命居然如此短暫。

——威廉．庫倫．布萊恩（William Cullen Bryant），美國詩人

我透過陪伴喪子父母的這個工作，認識了凱爾的母親。她十四歲的兒子被流彈擊中而死。雖然他不是開槍者的目標，但人生過去的十四年就這樣一筆勾銷，槍擊者不但人間蒸發，而且永遠不必面對起訴。

「我痛恨悲慟！我不想再經歷這種感受了，我要妳讓這種感受停止，不然我快死了！」凱倫在我辦公室的地板上嘶吼、痛哭，而我盤腿靜靜坐在她身邊。她的眼淚潰堤，落在米白色的亞麻長褲上，長褲被眼淚染成藍色，因為每天早上上班時，她都刷上藍色睫毛膏，試圖掩飾她莫大的痛苦。凱倫是單親媽媽，凱爾是她的獨生子，也曾

是她的「整個世界」。她告訴我，他死的那天，她的生命和身分都改變了。她感受到四面八方的壓力，要她繼續過日子，趕快「恢復正常」。

她說起一個故事，表親介紹膝下無子的同事給她，告訴她他也沒有孩子。這個舉動是讓凱倫走向孤立的一個轉折。從那一刻開始，她再也不認爲自己是個母親。她的睡眠習慣從此改變，也不再上教堂。她遠離朋友，覺得這個世界很不安全。她搬出扶養凱爾長大的家，住進附近郊區的公寓。

凱爾過世半年後，她來找我，想要「克服」她的悲慟，希望我「讓她好起來」。我們雙方互動過程當中，有一種很熟悉的感覺，那是絕望的尖銳感。她發現自己幻想著死亡，好跟凱爾團聚。她並不是眞的想尋短，只是希望盡她所能，讓時光倒流。她想要凱爾回來，只有凱爾重生才能補救這份無法彌補的痛。她的身體、頭腦、心和靈魂都在抗議。

※ ※ ※ ※ ※

每當有人死於暴力，受到媒體高度關注、大量報導，或名人辭世時，我們總像陷入集體催眠似地關注這些死訊。這是很尋常的，而且往往使得一大群素不相識的人，把經過強化的情緒用極不相稱的悲慟，向大眾傾洩而出。相反地，凱爾之死雖然極具悲劇性，但因爲沒有聲張，僅得到少數人的關注。

以凱倫的狀況來說，他人給予的慈悲表達及支持很短暫。兒子的過世也連帶否定她身爲母親的角色，這樣的情形讓她開始懷疑自己的心。她仍舊**感覺**自己是凱爾的媽媽，但社會上持續的聲音勸她別再認爲自己是凱爾的母親，也否認她應有的悲慟權力。沒有人跟她一起回憶，沒有人願意聊聊凱爾或承認她的悲慟。

反之，在新聞媒體的轟炸之下，人們不斷談論康乃狄克州紐敦鎮的夏洛特死於槍下，所以很多人即使不認識她，都爲她的死表達悲慟。

二十一名一年級的學生和六名教職員死於桑迪胡克小學。這則恐怖的故事經年累月在各大媒體上回顧。如此不間斷的公開報導，讓因爲這場慘劇而痛失孩子或摯愛者的人感覺無助和受傷。

我在二〇一四年的夏天與夏洛特的雙親碰面。夏洛特是一個聰明、膽大、固執的女孩，偶爾會耍點「小心機」，活潑十足。她和同學們一起躲在學校廁所時受害。在那不幸的一天，所有躲在廁所的孩子只有一位死亡。她的雙親喬爾與裘安不但得面臨唯一的女兒悲劇性的死亡，同時還得承受大眾的檢視與消費其私人性的悲劇。在一封公開信中，憤怒的裘安既受傷又沮喪地寫著：

二〇一二年十二月十四日那天，一個男人謀殺我的女兒，他奪去的不僅是她的未來，也包括我的。她和同學一起被趕到學校的廁所去，然後死於槍下。如此脆弱與無助。**而我，非常憤怒**。根據我的經驗，憤怒是最不受歡迎的情緒。面對我的憤怒，人們往往做出這三種之一的反應：試圖改變我的態度、叫我往「好的方面」想以及「看看我所擁有的」，改變話題或從此斷絕往來。以上三種做法只會火上加油，並且造成惡性循環。當然，我也可以選擇說出心裡的話，搞得場面很尷尬，讓在場的人都躲得遠遠的；或者是勉強擠出微笑、點頭，然後覺得自己虛假。以上兩種做法都很糟糕，而且不管那一種都讓我覺得孤立無援、飽受誤解。

我好奇的是，怎麼有人會認爲我能心平氣和的接受女兒的死亡？我氣急敗壞，而且很想狂吼「**妳不氣嗎？**」若想談談我所擁有的，相信我，你絕對會後悔跟我提起這個話題。你大可珍惜你所擁有的，但此刻我並不覺得自己多有福氣。你最好也別提醒我「塞翁失馬，焉知非福」，或者是「偉大的事物源自於偉大的悲劇」。我不想聽到我女兒的死亡如何教給你深奧的道理，或促使你做出某些行動。我女兒來到這個世界的目的並非以一己的犧牲帶給他人嶄新的觀點。夏洛特來到這個世界上是因爲有人想要她來、有人愛她，而且她活著的時候以自己的方式對世界有所貢獻。其他的說法聽起來都像讓步，而這份讓步很痛。社會大眾想要得到啓發、看到一線希望，或看看事情的光明面。只要有人跟我說起我對他們的啓發，我就覺得煩！這種說法眞的讓我很不舒服……，我只是個悲慟的母親。

裘安提到他人看待悲慟的方式，這很重要。這些方式挑起諸多情緒，讓我們哀悼的經驗更複雜。對裘安來說，不管他人出於有意或無意，直接假設夏洛特的死亡是爲了要啓發其他人或讓這個世界更好，對她毫無幫助。不論他人如何「詮釋這份悲慟」，對她的死亡歌功頌德，都不該讓家屬付出這麼高的代價。不僅如此，在還沒了解他們生命中那股深刻而難以緩解的痛時，就忙著鼓勵他們進入生命的新章節、將過去拋在腦後，這種做法毫無敬意。

文化習俗倡導很多令人費解的雙重標準，對哀慟者來說徒增傷害。某些悲劇的犧牲雖有價值且得到認同，但在那些狀況中，旁人往往僭稱這些失落、強說他們也有這份悲慟。不但禁止發洩個人的悲慟，如果難過太久，甚至還遭到輕視。多年之後，文化完全無視受害者家屬的意願，仍然公然追憶這些私人的悲劇，沒有商量甚至不帶一絲體貼。反之，如果遭受失落的方式不夠戲劇化，如果媒體沒有報導或不值得引起公眾的關注，整個社會甚至完全將之遺忘。

當他人質疑我們的悲慟、看不起我們和死去的摯愛者之間永恆的連結、待我們如眼中釘，避我們唯恐不及，還有在我們心理尚未準備好之前就逼我們開始療癒——這些動作無疑雪上加霜。

表面上看起來，終結悲慟唯一的的方法就是收回我們曾經感受的愛，瓦解所愛之人在我們心中的地位。但是當你詢問內心的智慧，你就知道不可能。

悲慟與愛形影不離。

2 公開悲慟與私下悲慟

願我們合一的程度如此緊密，
當一人哭泣，另一人便嚐到鹹味。
——卡里．紀伯倫（Kahlil Gibran），美籍黎巴嫩詩人

二〇〇九年十二月二十九日，凱蒂與札克向母親道別，準備與朋友在當地南亞利桑那州的小鎮上碰面。這是她最後一次看到孩子們。因爲一場突如其來的沙塵暴，九台聯結車和十三台小客車相撞，造成大火，火勢大得無以復加，直到事故後八小時街上都還在冒煙。這場悲慘的車禍奪去凱蒂和札克的生命。他們的雙親珊蒂與馬克遭受無法彌補的失落，也造成他們人生永遠的改變。有好幾個月他們都來鳳凰城找我，隔週一次，每次四小時往返車程。通常珊蒂就只是坐在那裡哭，馬克也是，但他比較喜

歡隨興分享。

珊蒂和馬克吐露悲慟之後，感覺好過一些。珊蒂說：「感覺起來很像吃得過頭之後，把一些東西清出來，創造空間……，因爲一直以來我只能把悲慟拚命往內吞。」

凱蒂和札克的死飽受媒體關注，早在他們的大哥接獲死訊前，新聞就已經披露他們的名字。媒體追著珊蒂和馬克做採訪，怵目驚心的車禍畫面透過新聞台發送到全世界。大眾媒體處理凱蒂與札克死訊的方式不但不尊重，還缺乏敏感度。他們的死亡被塑造成聳動新聞，徒增雙親的苦悶、恐懼和孤獨感。六年後，兩個孩子的房間還是保留原來的樣子，這個神聖的空間裡面所有的物品都在原處。朋友認爲房間保持原樣對珊蒂和馬克並不好。面對朋友的反應，珊蒂淚眼婆娑，她說，如果她改變房間的擺設，連孩子僅剩的一點點存在感也會隨之消失。保持孩子房間的完整象徵她還能靠近孩子，但是很多人卻無法明白這一點。因爲缺乏理解，旁人質疑論斷得就好像這巨大的重量是扛在他們的肩上一樣。

隨著時光流逝，有幾個人採取主動的慈悲，他們的眞誠感動了珊蒂與馬克——學校的一位老師發起一場紀念健走，以凱蒂與札克之名募捐獎學金；因爲凱蒂信守蔬食主義，珊蒂跟隨女兒的腳步成爲茹素者。也因爲兩個孩子對動物深刻的愛，她和馬克如今也會救助狗兒。

爲了走到這一步，他們歷經漫長而艱辛的過程。

※ ※ ※ ※ ※

我記得黛安娜王妃的葬禮在電視上播映時，全球百萬人觀看送葬隊伍。

同一週，我接到一位女士的來電，她很擔心自己的妹妹，因爲妹妹的孩子死於分娩過程，她想拍攝自己孩子的葬禮。來電者覺得這麼做很可怕、異常，希望我勸她妹妹打消這個念頭。

我小心翼翼地問她：「妳有觀看黛安娜的葬禮嗎？」話一出口，她馬上明白。她可以觀看一個陌生人的葬禮，卻質疑妹妹紀念親近的人，實在沒有道理。黛妃的葬禮和在貓王故居雅園（Graceland）爲貓王舉行的慶生會，就是大眾企圖透過紀念儀式假裝和陌生人有私人連結的最佳例子。我們的文化接受保留貓王故居雅園爲博物館，卻批評珊蒂和馬克不更動孩子房間這樣理所當然的決定。悼念素不相識的名人是光榮的事，合理的悲慟卻受到質疑——仔細想想，這點眞的蠻奇怪的。

身爲悲慟者，我們的決定應受他人尊重。

在悲慟者周遭的人應該帶著尊重徵詢他們的意見，了解他們希望自己的悲劇以什麼樣的形式呈現在大眾面前。我們應該能夠表達自己的哀傷，以我們選擇的方式追憶所愛之人。幸運的話，周圍的人會慷慨以待而不求回報、給予我們私人空間卻不孤立我們，順手塞給我們家常燉菜卻毫無施恩的姿態，不管我們回應與否，他們總帶著善意告訴我們：「需要的話我在這。」

周遭如此送暖已經相當稀有了，然而這份暖意即使發生也維持不久，但是悲慟會繼續。很快地，大家都重回生命的混亂中。至少，對未經歷悲慟的人來說，生命是回到常軌。

但是當我們因害怕而痛苦時，我們需要有能坦然表達的對象、需要有願意與我們一同進入深淵的人。我們需要向他人求援，這個對象必須讓我們安心、不評斷我們，既不阻止、也不閃避我們的痛苦。當我們經歷如是傷痛，即使是**主動聯絡**他人都需要借用、鼓起或擠出僅存的勇氣，而且我們無法預估自己需要這些人事物的時間有多久。

安慰與關懷來自四面八方，有時在最意想不到的地方有人會認眞、專注而不帶批判地傾聽。記下來、注意這點，需要幫忙時找這些願意傾聽的人。

時間和這樣的朋友能帶你穿越險途。

3 悲慟儀式和藝術性的表達

去愛就代表對悲慟、憂傷和失望敞開，
但是去愛同時也對喜悅和滿足敞開，
正因如此，意識的強度才能以出乎我們意料的程度發展。

——羅洛·梅（Rollo May），美國存在心理學大師

由於地區、宗教以及種族的差異，人類把悲慟儀式化，理解、表達和處理悲慟的方式可能不一樣，但是悲慟是唯一最具一致性的人類經驗。每個文化和每種宗教都知曉悲慟。

後來成為佛陀的悉達多·喬達摩，於其強褓時期就失去母親摩耶夫人，自幼便經歷悲慟；由於耶穌被釘上十字架，聖母瑪利亞成為悲慟的母親；儘管拉撒路

（Lazarus）死後進入永生，他的死亡還是令耶穌悲慟；穆罕默德先是面對幼子易卜拉欣（Ibrahim）早夭，後來又失去孫子；亞伯拉罕埋葬了妻子撒拉（Sarah），根據猶太教經典《妥拉》（*Torah*）所載，其悲慟的愛子以撒（Issac）花了三年才在妻子利百加（Rebekah）懷中重拾安適，得以再愛；而在巴哈伊（Baha'I）傳統中，創始人巴哈烏拉（Bahá'u'lláh）的父親在他年少時便過世。

綜觀歷史，橫跨所有文化及宗教，悲慟不放過任何人。悲慟永遠不會過期，也是人類無法逃避的現實。悲慟的本質就像迷宮似的令人費解，影響層面甚廣，包括情緒、身體、社會、人際、經濟、靈性與存在。

任何一種特定的悲慟展現方式，都受到眾多因素影響——我們和亡者之間的關係、他們過世的方式、我們對他們的愛、和他們之間的連結、相互依賴的程度、早夭的儀式、經歷失落時別人待我們的方式、我們如何接到死訊、在後續過程中他人如何和我們互動、我們的世界觀、靈性道路和傾向、過往的失落史和創傷，還有我們內在核心是什麼樣的人。這些因素深深影響我們悲慟的經驗，悲慟的儀式也許相似但又獨特。

如果學生對悲慟這個主題毫無經驗，教起來可要費一番功夫；話雖如此，但並非做不到。我身爲亞利桑納州州立大學的教授，雖然研究是我主要的重心，但每年我也教四門課。我最受歡迎的課教的就是創傷性死亡與悲慟。學生體驗爲期一學期的課程，試圖去理解，不論是諮商師、療癒師、行政管理人員或任何曾愛過的人，只要是人，在生命某個階段必然會遇上悲慟。課程作業的一部份是要求學生以藝術創作的方式來表達他們所累積對悲慟的理解與認知。

有位含蓄而敏感的學生泰瑞莎交出相當優異的作品——

食譜

赤裸裸的悲慟

食譜來源：泰瑞莎心的廚房

份數：一人份

材料

- 難以置信……一滿杯
- 不願道別……一茶匙
- 椎心刺骨的痛……十六盎司
- 殘酷的憂傷……三杯
- 困惑（或以質疑代替）……二茶匙
- 執迷不悟……半杯
- 憤怒（或以受到誤解代替）……八盎司
- 苦悶的罪惡感……二茶匙
- 尷尬……四分之三杯
- 孤獨……一夸脫
- 不當時機和沒必要……少許

做法

把烤箱預熱到攝氏六百度，用一個小碗把「難以置信」與「不願道別」攪拌在一起。接下來從「椎心刺骨的痛」上剝除「老生常談」並且丟棄它。把已攪拌好的混合物裹在「痛苦」外面，用高溫鑄鐵煎鍋加熱，直到焦黑，然後放在一旁。拿一個大鍋，裝滿「淚水」然後煮沸，溫度降低之後把「殘酷的憂傷」倒入鍋中，蓋上蓋子，浸泡幾個星期。當「憂傷」麻木之後，從爐子上移開，再把眼淚從鍋中倒出來，然後將「困惑」跟「執迷不悟」倒入憂傷之中，放在一旁。持續捶打「憤怒」，直到柔軟，然後切成可以入口的大小。用平底鍋以高溫煎煮「苦悶的罪惡感」及「尷尬」，當「憤怒」轉紅時，從爐子上移開。盛盤時，把「痛苦」平鋪在烤盤底部，疊上「悲慟」雜燴然後蓋上「憤怒」、「罪惡感」和「羞恥感」，最上面放上「孤獨」。以「不當時機和沒必要」來調味，然後放到烤箱，一直烤到「孤獨」轉為「密切的嚮往」，最後放進「一輩子」。

備註

此道佳餚的味道和「極度的恐懼」很搭，添加大量「愛」和「慈悲」時嘗起來味道最好。最後可以灑上一點「平靜感」。

許多學生似乎都抓到相似的重點。

一位年輕女學生寫信給她姐姐。三十多年前，姐姐在她出生前過世。她告訴姐姐，因爲這堂課，現在她終於明白父母因爲姐姐的過世承受了多少事情。她向姐姐道歉，因爲每逢過節的時候她沒有想到姐姐，別人問她有沒有姐妹的時候，她也沒想到姐姐。她甚至滿懷歉意的向姐姐賠不是，因爲她總是稱呼兩人共同的媽媽爲「我的媽媽」。她承諾從那一刻起，她會承認姐姐是家中第一個出生的孩子。信末她說：「我會向**我們的**媽媽提起妳，而且我會記得妳。」

另一個學生作了自己父親的雕塑。父親在她八歲時自殺過世。這是他人生最後一刻的塑像，在父親即將離世之前，天使的翅膀環繞著他。在塑像裡，她是一個小女孩，站在父親面前伸出雙手，父親的眼睛望著她。她將這個作品命名爲**抒發**。

悲慟教育是改變我們文化視悲慟爲敵的態度最典型的方法，而表現性強又具創意的藝術作品在這方法中的重要性不容小覷。

4 悲慟初期的表達

只要我還沒訴說悲慘的遭遇，心中的刺痛就無法停止。

——塞繆爾．泰勒．柯勒律治（Samuel Taylor Coleridge），英國詩人

一個母親如此描述她從兒子死亡中記住的這一幕：

午夜過後，醫生進到病房裡。我從沒聽過如此冷漠、疏離又不帶感情的聲音，他說：「我們束手無策，他走了。」旋即離開，再次留下我們獨處。醫院的牧師看起來一臉驚慌……，我甚至沒有哭。我不太明白醫生的話，當然，他說的每一字、每一句我都聽得懂，但是……，當時我的身體只剩下軀殼、失魂落魄，之後好幾個月一直這樣。我仍舊不敢相信兒子就

這樣走了。

一開始，壞消息只傳到我們的耳朵裡，還沒傳到我們心裡。失落的深度和廣度如此難以測量，其所帶來的衝擊性很難一開始就完全體會，而是後來慢慢隨著時間感受才加深。心試圖保護我們免於最初那股幾近致命的衝擊，一種情感的麻木通常尾隨其後，好讓我們感覺自己像在演電影或是處於慢動作當中。聲音、形狀還有動作都走調，我們彷彿存在一種深度改造過的意識狀態。

慢慢地，當失落的衝擊造成的麻木感逐漸消失，一種難以形容的痛楚從腹部最深處升起。這股疼痛帶出我們從沒體會過的感覺，既陌生又崎嶇難捱。我們內在的每一個細胞都想逃離失落的現實，但是那股創痛需要我們去感受。我們的注意力一而再、再而三地回顧細節。就某種程度來說，哀悼的過程是一種外在的表達，因爲有一份如今已失去實際存在的「愛」，也沒辦法透過人際之間的互動展現出來。

經歷悲慟的雙親、孩子、手足、祖父母或夫妻的自我認知同時受到衝擊的情形並不罕見。他們不斷思念逝者，不擇手段想逃避這份悲慟，其中一種方式就是自我死亡。許多我曾經輔導的父母親都告訴我，他們覺得以前的自己已經死了。有些人告訴我，當所愛之人死亡的時候，即使表面上看起來錯不在他們，罪惡感和愧疚感仍揮之不去。舉例來說，悲慟的雙親原本期望孩子會活得比他們久，所以埋葬孩子的時候覺得既不自然也不合理，這樣的感覺引發一種讓人癱瘓、讓心破碎的悲慟。雖然對遭受重大失落者來說非常沉痛，但是這些感受很常見，也很正常。

什麼樣的父母親在孩子死後不會思念他們，也不會試圖重新建立那份強大的連結？什麼樣的孩子不會在他們的父母過世之後失去安全感或感到害怕、不會自覺被遺棄在世界上？什麼樣的人在伴侶過世之後沒經歷過孤獨到快窒息的感覺？承受這樣程度的失落時，很難不開始質疑生命中所有的意義。

恐懼、極度擔憂、焦慮時常浮現。當摯愛過世，我們對死亡極度敏銳，也意識到自己和他人的生命終究是有限的，這個現象稱**凸顯死亡的必要性**（mortality salience），從此我們開始對這個事實緊抓不放。同時，還可能經驗到感官覺察度提升，對周遭環境的敏銳感增加，但是，當我們以這份敏感看待心中關愛的人時，可能會因爲恐懼而徒增煩惱。我們覺察的同時，開始害怕他們也會離開這個世界。我們開始忌妒某些人，他們還擁有我們已經失去的，這時候不要說生氣，可能連憤怒都會發生。

一旦我們不願意如實感受那份悲慟的程度時，悲慟有可能展現在微不足道的行動裡，也有可能展現在戲劇化的行爲裡。自虐、賭博、揮霍、濫交、人際衝突、魯莽行事甚至自殺傾向，都是這股悲慟力量的展現。除了失落，我們根本顧不了其他事，維持專注力不僅有困難，有時候根本是做不到的。當然，要這麼做的確不容易，但是如果身邊有支持的夥伴，還是有機會做到。反之，有些人會讓自己沉浸在工作、運動或靈修之中，只爲了避免想到這份失落，和隨之而來的感受。

我們可能以「缺乏」的方式回應悲慟，像是缺乏樂趣、缺乏專注力等等，但也有可能發展新的能力。我曾經與經歷悲慟者共事，其中一些人告訴我他們的感官敏銳度提升了。他們可能看到、聽到或聞到其他人沒感覺到的。有些人甚至告訴我他們感受到逝者的「跡象」，譬如看到蝴蝶出現，或是看到對他們來說很有意義的數字出現。有一小部份的人則告訴我跟睡眠有關的幻覺，有的是作夢，有的是半夢半醒，某些夢境很嚇人，其他的夢境則很溫馨。

我們和他人的關係可能會變得緊張，在經歷悲慟的家庭當中，這種狀況還可能被放大。身爲悲慟者，我們可能會覺得疲倦，提不起勁和他人進行有意義的互動；也可能變得比較沒有耐性、缺乏寬容。或許因爲我們還沒學會如何公開分享自己的感受，或者我們還沒找到能夠深刻傾聽心聲的人，又或許是我們還缺乏足夠的安全感去說出來。許多悲慟者說自己因爲上述這些狀況而失去老朋友，但有時也會因而結交到新朋友，在人際關係上產生雙重的變化。

在家庭中，孩子可能有被忽略的感覺，我稱之爲「隱形」，家長也許沒注意到他們的孩子也在經歷悲慟。如果一個家庭正經歷悲慟，痛苦會分成個人和集體兩個層面。每個人都在經歷悲慟，並且以自己的方式表達，但是每個人對這份痛苦的表達又跟他人有關。在這種情況下，個人的空間和家人之間的空間都塡滿悲慟。

悲慟好像有實體的重量，會直接影響身體，導致胃口和體重改變、精神狀態及作息改變，也造成其他問題。有些人告訴我他們覺得呼吸困難、感官失去作用，譬如失去味覺和嗅覺；其他人則抱怨大範圍的疼痛，整條手臂痛、胸痛、背痛、頭痛以及沒有力氣，這些都發生在他們初次經歷失落之後。上述情況都有可能是因爲與悲慟相關的心理壓力持續而造成的，也很正常。即使如此，悲慟還是有可能造成悲慟者早逝，而且這種情況在悲慟父母的身上特別明顯。研究顯示悲慟者早逝多半不是眞的因爲健康狀況不佳，而是與長期累積壓力和缺乏自我關懷的狀況關係比較大。

當悲慟者所處環境排斥悲慟及死亡的必然性時，加上伴隨悲慟體驗到的情緒、精神、存在、身體的狀況，會使悲慟者更脆弱。許多我輔導的家庭表示，遭逢失落後的初期悲慟階段，那份脆弱感讓他們想要從周遭不聞不問的環境中抽離。不論有形或無形，許多悲慟者都感覺到社會壓力促使他們趕快「好起來」或「繼續過日子」，夾在「應該如何感受」和「內在智慧照見的眞實感受」兩種矛盾的聲音中間，讓他們開始對自己的心產生懷疑。在正常的悲慟過程中，原本就包含無法避免和合理悲慟的部份，但是自我和他人之間感受的落差，通常又把能避免和不理性的悲慟加諸於悲慟者。

我們看待自身悲慟與他人對待我們的方式眞的很重要，這兩者的重要性和悲慟不相上下。西班牙哲學家米蓋爾．德．烏納穆諾（Miguel de Unamuno）說過：「人不因黑暗而死，卻因冷漠而死。」當我剛開始經歷失去夏安的創痛時，那種黑暗所帶來的痛超越言語能夠形容，雖然當時我眼前眞的是一片漆黑，但是還不足以威脅我的性命。但使我的脆弱狀態更加危險的，反而是他人冷漠的態度。因爲長期自己一個人承受孤獨、爲我失去的孩子的尊嚴奮鬥、旁人的冷嘲熱諷，以及身邊許多人都別過頭去，不願面對悲慟醜惡而恐怖的臉……，這些事情才眞的讓我發瘋。

黑暗不會毀滅一個人——冷漠才會。

從另一個角度看來，悲慟也有潛力讓我們更靠近溫暖與愛、更接近與自己還有與他人之間的連結。當他人以不評斷的慈悲心相待時，我們體會到一種歸屬感，這種感覺幫忙磨平悲慟銳利的邊緣。但是當文化中這股享樂至上的價值觀迫使我們在某段時間內療傷並且「選擇快樂」、拋下悲慟時，出於社會限制而無法表達自己情感的狀況讓我們不安、感覺受誤解還有遭到孤立。當這樣的情況發生的時候，由於對人性失望，我們可能會想從這個世界中抽離，因爲這樣的狀況感到害怕，以及不相信他人能眞正讓我們流露悲慟的情緒，也是理所當然的。

在這種情況下，人們常責怪悲慟者無法「成長」、「繼續過生活」或是「得到意義」，這份責怪既不公平而且十分不恰當。要幫助悲慟者，社會首先要提供一個能讓我們安頓身心之地。這個地方要充滿著慈愛與慈悲，不帶評斷、也不強迫或用放大鏡檢視我們。

唯有在這樣的地方，唯有當我們眞正準備好了，即使疼痛難耐，我們還是能在喜悅中綻放，並且與悲慟共存，而非驅逐悲慟或用其他情緒取代悲慟。

⁂　⁂　⁂　⁂　⁂

讓我們回到凱倫失去她十四歲的兒子凱爾的例子。其他人責備她，不准她談論凱爾的死亡，因爲只要一談到這件事，她就充滿悲慟。這種有害言論的出現，往往是因爲我們不願意見到他人的痛苦，因爲看到他人痛苦也會感受到自己的痛苦及害怕。

遇到他人這樣的態度之後，凱倫發現自己越來越難以處理及整合她理應感受的悲慟情緒。這種創傷性的悲慟對她的心理造成毀滅性的影響，比原本的悲慟更嚴重。基本上，凱爾的死亡粉碎的是她以前存在的表象、破壞她的身分認同，同時讓她直接面對身爲人類所要面對的：脆弱、痛苦、恐懼，還有爲了愛冒著必須承受悲慟的風險。周遭人們的**迴避**則是種沒必要的負擔，不僅加深她的自我懷疑、孤獨、恐懼和壓抑，而且這種態度也讓她悲慟適恆。

最後，凱倫得到帶著尊重的支持，也爲她創造體會悲傷的空間，當沒有人暗中迴避她的悲慟時，凱倫終於了解，十四年以來和兒子分享的愛不需要「遺忘」、忽略，也應該被認眞看待。這份悲慟的核心是一個母親對孩子的愛，這份關係不但完美無缺、無法比較，也不隨著孩子離世而消失。凱倫告訴我她一開始想要的，是「超越」她的悲慟，但是透過我們共同的努力，她才了解，其實她眞正想要的是去感覺那些想要被感受的情緒，簡單的說，就是「承受痛苦的勇氣」。

受苦（Suffer）是一個很有趣的字詞，實際上這個字可以定義爲「擁有承受痛苦的能力，而不需要去改變、抵抗或執著於這份痛苦。」一開始，我爲凱倫提供一個空間，在這裡她可以安心面對自己的情緒，無須承受任何壓力或期望。這個空間讓她能好好地想著凱爾以及表達她的愛。這樣進行下來，凱倫重新開始相信自己。

她學到悲慟並非敵人，陰影也不會呑噬或消滅她。她調整、挪出空間讓悲慟存在，允許悲慟在每一個片刻以任何方式呈現。最後，她開始注意到自己可以容忍、可以承受，悲慟的稜角便隨著時間變得柔和。凱倫覺得自己失去和身體的連結，所以她和我一起進行身體層面的創傷療癒。我們一起去健行，有時候是打著赤腳。最後當她覺得準備好的時候，她開始去練瑜伽，重新回到自己的心和身體。

如今，凱倫知道她心中有一塊莊嚴而珍貴的地方刻著凱爾的名字，需要的時候她隨時可以造訪，雖然這麼做迫使她必須坦白而直接面對某些過往，但她知道烏雲之下的暴風雨只是故事的一部份，雨過天晴之後，太陽還是會閃耀。同時，一遍又一遍地，她相信即使發現自己身處黑暗的隧道之中，最後她還是能走出隧道，並且看到這個世界的光。還有，即使很長一段時間沒有感受到悲慟，她知道悲慟始終都在，靜悄悄的在背景之中。

當悲慟需要釋放的時候，她與這份悲慟相遇，擁抱它，彷彿拜訪一位老友。現在，她告訴我，她不會選擇其他的經歷方式。

5 缺乏養分的土壤

我相信沒有一幅畫能夠傳達出這份恐怖，
這份哀傷、絕望、回天乏術、用盡全力的景象。
如果我能畫出這一幅畫，
畫布上只會有一個女人低頭看著她空蕩蕩的雙臂。
——夏綠蒂．勃朗特（Charlotte Brontë），英國作家、詩人

夏安過世的頭幾年，我花了很多時間捍衛自己悲慟的尊嚴，但是我常被「恢復正常」的壓力壓得喘不過氣來，在我的感受裡，這就好像是要我趕快遺忘。

我記得一九九四年十一月的時候，一個親近的朋友致電祝我「生日快樂」。當時夏安才離開四個月，我的狀況一定跟平常很不一樣。也許是因爲聽出我聲音中靜默

的絕望，她問我：「發生什麼事？」我回答：「我不想慶生，我沒辦法慶生，她走了。」朋友對著我滔滔不絕，教訓我應該感激還有其他的孩子在身邊，而且我應該慶祝和享受生日，「妳在自怨自艾，是時候該振作起來，把這件事拋到腦後了。」

這段對話以我的眼淚作爲結束，然後我坐下來，在日記裡寫了下列文字，想像收信者是我朋友：

這是我該走的路，雖然這條路並非出自我的選擇，但是我必須帶著正念，全心全意去走。這是一趟穿越悲慟的旅程，需要時間，我身體的每一個細胞都在痛，我不想慶祝。我可能比較容易發脾氣，或是看起來絕望，我也會流很多、很多、很多、很多的眼淚。我不會像從前的自己那麼常微笑，因爲現在連微笑都會痛。做大部份的事情幾乎都會痛，包括呼吸。

但是求求妳，只要坐在我身邊就好。

什麼都別說。

不要提供解決辦法，

不要解藥、不要說話，也不要療法。

看著我受苦，不要轉身離去。

請善待我。

希望我也能善待自己。

我不會「好起來」，所以請不要催促我。即使我看起來好像狀況不錯，甚至有些時候可以笑得出來，但疼痛只是躲在我的皮膚底下而已。我的胸口幾乎無時無刻都隱隱作痛，有的時候我覺得自己好像快因爲這份悲慟而爆炸了。

請別告訴我，我應該怎麼做或不該怎麼做，或者是我應該要「走出來了」，別告訴我「上帝對妳自有安排」；不要告訴我什麼是對、什麼是錯，我用自己的方式，也用自己的步調在面對。

如今，對我來說，「正常」的定義跟以前不一樣了。喔，也許隨著時間過去，我會透過她的逝世發現新的意義或洞見。或許有一天，當我垂垂老矣時，我會說，時間的確幫助療癒我破碎的心。但是請務必記得，我沒有任何一天、任何一分或一秒不想到她的缺席，不論多少時光流逝，這一點始終不變。

請善待我。

這封信始終沒有寄出。

當時我太害怕、太受傷了，所以相反的，我不再接她的電話。也因爲跟她之間的這次不愉快，加深了我和其他人之間的鴻溝。又過了好幾年，我才能點燃腹部的內火，學習如何在他人用言語攻擊我的時候，發出自己的聲音。

其他人可能會告訴我們，該是「繼續前進」的時候了，或「這件事是更遠大計畫的一部份」，他們會這麼說是因爲我們的破碎令他們不自在、脆弱，使他們產生危機感。有些人避開我們、有些人可憐我們，但是這份悲慟屬於我們。

由於愛、由於持續不懈奉獻，我們才換得這份悲慟。即使某些日子我們會希望不要這麼痛，這份痛仍屬於我們。我們毋需要放手、也不該讓任何事或任何人偷走這份權利。

即使帶著淚水，甚至被摧毀，透過悲慟與愛，我們可以抬頭挺胸。是我們的就是我們的，責無旁貸。

6 文化敏感度

一般人回應惡行的方式就是將之從意識中驅離。
某些侵犯過於殘酷……，無法大聲說出——
這就是**難以啟齒**的意思，
但是，惡行拒絕被掩埋。

——茱蒂絲．赫曼（Judith Herman），美國作家、心理創傷研究先驅

一個星期六的早晨，我接到一通電話。當時我在一間醫院做志願服務，協助擔任家庭顧問醫師，而來電者是我所屬單位的主要醫療檢驗師，她說：「拜託妳，儘快過來。」她接著解釋，有一個嬰兒剛死亡，他的遺體被送到驗屍處檢查死因，但是家屬拒絕驗屍。她說：「他們是從保留區來的，這種做法對我們造成很大的困擾。」

在我看起來，事情十分清楚，我說：「那就別驗屍吧。」但是她提醒我，根據州立法律，所有的猝死都**必須**經過驗屍程序。不過，唯獨一種情況例外，如果死亡發生在美國原住民的自治區，也就是俗稱的保留區裡面，就無需驗屍。雖然這個嬰兒生前住在自治區內，但是後來他經由直升機送到本地的醫院，在醫院中過世。

當我到達停車場時，有兩對中年夫妻和一對年輕夫妻站在一起等我。其中一位年長的男性漢瑞走上前，後來我才知道他是嬰兒的祖父。我只有向他自我介紹，沒有跟其他家屬做眼神交流。一到辦公室，我先送上水及面紙，並且向他們保證我會站在他們的立場發言。我沒感覺到家屬有任何情緒，甚至一絲悲慟。但是坐在角落椅子的年輕夫妻抱著彼此，頭低低的，好像在祈禱。漢瑞是唯一看著我的人，所以我直接開口，而且只對他說話。

「我真的感到非常遺憾。」我說，「你願意把事情的經過告訴我嗎？」

漢瑞向我解釋，他的孫子喬瑟夫一直很健康，十八個月來不斷成長，但是有一天突然病得很重。當喬瑟夫開始發燒的時候，他的雙親，也就是角落的那一對夫妻詢問藥師的意見。因爲喬瑟夫的症狀一直沒有好轉，漢瑞就催促他們趕快前往當地的醫療中心。就在他們到達醫療中心不久後，喬瑟夫突然癲癇發作，於是他們用直升機把他送到本地的醫院，但幾個小時之後便宣告不治。看診醫師把喬瑟夫的遺體送去驗屍，同時告知家屬。但是家屬不同意這個程序，因爲在他們保留區不允許驗屍。

當漢瑞敘述這個過程的時候，我注意到其他的家人開始哭泣，他們聚在角落，互相抱著彼此。喬瑟夫的雙親顫抖不已。漢瑞說：「我們不允許驗屍，因爲驗屍會干擾靈魂升天，這麼做違反我們的習俗。」我再次向他保證，我會替他們說話，並且花了幾分鐘向他解釋醫療檢驗處的程序。

經過他的允許，我進入後面的辦公室。星期六只有一位檢驗師在工作。我向她解釋這家人的狀況，並且強調尊重他們文化與習俗的重要性。她能理解，同時提出另一個做法：「如果我們先照X光和做一些實驗室測驗，也許能找出死因，如此一來就不需要驗屍。」她詢問：「這樣他們能接受嗎？」

回到等候室，漢瑞接受了這個做法。

兩小時過去，我們一起默默等待結論。漢瑞帶領他的家人，輕聲細語地進行原住民的禱告。整個過程中我一直靜靜地坐在另一頭，陪伴著他們，保持沉默。

最後，檢驗師要求透過安全窗口跟我說話，這個窗口剛好把等候室及後面的辦公室隔開。此時，也是當天第一次，所有的家屬和我四目交接。漢瑞看著我，我回看他，然後說：「我馬上回來。」

檢驗師的確透過不用驗屍就找到死因的方法，發現原來喬瑟夫腸道阻塞，造成感染，死於敗血症。檢驗師和我一起進入等候室，通知家屬。我直接告訴漢瑞，正當檢驗師在一旁聽著時，漢瑞的頭垂了下去。當我解釋喬瑟夫的死因時，家屬開始哭泣，漢瑞卻無動於衷。我說：「漢瑞，我真的深感遺憾。還有什麼我可以協助回答的問題嗎？」

他輕輕地說：「沒有。」

我問他：「漢瑞，你想看看喬瑟夫嗎？」我從眼角餘光看到喬瑟夫的母親抬頭睜大了眼睛，卻什麼也沒說。

漢瑞回答：「不需要，不用不用。我們不想看他，我們不應該看他。」整個房間陷入一片沉默。一想到我有可能冒犯漢瑞，我就趕緊道歉，解釋我對他們的信仰不熟悉。我想要給這家人一些獨處的時間，所以我請他們允許我離開。

當我再度回到等候室時，漢瑞的太太立即上前，告訴我：「我們想看看喬瑟夫，我們決定要看他。」漢瑞點頭確認。我立刻回到後面的辦公室，爲他們準備一個小空間。我用辦公桌拼出一張床，疊上好幾層毯子和枕頭，看起來就像死去小男孩喬瑟夫的搖籃。我爲每個人準備椅子，然後把燈光調暗。

幾分鐘後，我用溫暖的毛毯裹著喬瑟夫，帶他回來。漢瑞馬上站起來，直直地看著我。他定住一會兒，低頭看著喬瑟夫，然後溫柔地把他從我懷中接過去。他的表情柔和了下來，每個人都不動。漢瑞抱著喬瑟夫，然後開始用他們的母語對他說話，親吻喬瑟夫的小腳、雙手和臉頰，然後他哭了。其他人也開始哭。漢瑞把當天早上藥師使用的神聖療癒羽毛綁在喬瑟夫的衣服上，然後把這個孩子遞給他太太。整個家族花了兩小時以上，一一向他道別。

有一瞬間我覺得自己應該離開，我告訴漢瑞，我想讓他們保留隱私。他抓住我的手臂，跟我說：「請妳留下來跟我們在一起。現在妳是我們的一份子了。」最後，所有人做了最終的告別，不情願地把喬瑟夫交回我的懷抱。

整個家族在停車場等我。

我跟他們說，如果往後有什麼問題或需要幫忙的地方，都可以來找我。我謝謝他們的耐心，再次做最後的道別，隨即走回辦公室。然後喬瑟夫的母親隔著停車場大喊，我在門口停下來，轉身。她向我走過來，一開始慢慢的走，後來用跑的。其他人也跟了過來。她雙手抱著我，然後開始哭泣。

她一再重複「真的非常感謝妳。」她年輕的丈夫從身後走過來，抱著我們，也開始哭，邊哭邊跟我道謝。然後，一個接著一個，雙方的祖父母也以擁抱的方式圍著我。

我從他們身上學到很多，我學會如何做一個學生、一個初學者，也學會暫時放下我的信仰，幫助別人。我學到耐心以及沉默的力量。

然後我帶著感激，禮敬我的老師，喬瑟夫。

※ ※ ※ ※ ※

就像本書中眾多其他的死亡，喬瑟夫的逝世帶給愛他的人傷痛。但是，對他的家人和我來說，因爲有慈悲和愛，這份傷痛銳利的邊緣得以變得柔和。在處理後事的過程中，我們連帶要面對許多會牽扯到傷痛的狀況，但是有時候公布死訊的人處理的方式、缺乏技巧又否認悲慟的諮商療程，還有法定程序缺乏敏感度的執行方式，往往又會讓這些傷口惡化。這些醫療、靈性或是周遭團體的出發點，通常對這份傷痛的情況和影響的程度欠缺考慮。喬瑟夫的死讓他的雙親傷痛，我怎麼做都無法改變這點，但是，我可以減輕不必要且額外的痛苦。聯手造成這些額外痛苦的包括人們害怕悲慟而想逃避的反應，以及對創傷性悲慟的眞實面及後果疏於了解而拙於應對的官僚體系。

創傷性的死亡挑起創傷性的悲慟。所謂創傷性的死亡指的是突然且意外的死亡，譬如死於暴力或死於非命、因爲長期折磨而造成的自殺、凶殺，或是孩子因任何死因在任一年齡過世。當我們所愛之人以這樣的方式過世時，我們又驚又怕，彷彿被連根拔起，極度不安，信任這個世界的能力也飽受沉重的威脅——實際上，我們的確面對沉重的威脅。

創傷通常造成心理與生理層面的影響，以很多種方式呈現，例如呼吸及心跳加速、瞳孔放大、認知及記憶失調、過度興奮、侵入性思考或侵入性畫面、覺得失魂落魄、麻木不仁、失去對時間的認知、感覺遲鈍，或試圖逃避任何經驗。因爲難以調適創傷性悲慟，上述最後提到的「試圖避免」或「不願感受」是最常見的反應。

爲了逃避感受，悲慟者往往持續尋找讓自己分心的事物。藥物、酒精、電視、食物、運動、性、賭博、購物、和他人起衝突，甚至連在精神修行中，我們仍然下意識避免面對痛苦，就像在棋局中犧牲卒子的方式一樣。人類對於讓自己分心的方式充滿創意，選擇五花八門，什麼事情都可以當成遠離自己感受的理由。當我們面對這種情況已經少了正確的支持，身心又缺乏安全感時，如果還要保持鎮定，與排山倒海而來的悲慟相處，實在令人心生畏懼。

身體面對威脅的反應就是想逃跑、拒絕威脅或者在面對威脅時情緒癱瘓，也就是逃、戰或僵滯反應。一旦我們感知任何威脅身心的狀況出現，就會啓動一連串複雜的生理反應，並開啓逃或戰模式。不到半秒鐘，大腦就會釋放神經化學物質，做爲生物警報系統，提醒我們對危險做出反應。當這個危險是暫時的，而我們馬上採取行動，等到威脅一過，就能立刻回到平靜。

然而，經歷創傷性悲慟之後回到平靜，卻需要更多支持，所需時間也比人們想像的更久，或是願意容許的更久。創傷性悲慟是一種持續不平衡的狀態，而且喪慟者無法調適。對於無法容忍或懼怕承受痛苦的社會來說，這一點會被放大檢視，因爲面對威脅，我們沒有習慣或調適的選項。因此社會把坦誠表露情緒視作病態，不但沒有任何紀念或對死者表達尊重的儀式，也缺乏適當的支持系統。這樣子的社會逼得悼念者給自己更多負面責怪，也錯誤解讀自己的悲慟反應，其中包括要自己做出不適當的調整（像是「我現在應該要好些了」），或是以爲自己很無能（「我到底發生了什麼問題」），甚至以爲自己有精神疾病（「我有嚴重的憂鬱症」）。

諸如此類關於悲慟的錯誤信念導致我們試圖壓抑、想辦法分心和逃避正常悲慟反應，簡言之，這麼做只會導致我們苦上加苦。

7 承受難忍之慟

雖然我不想
去想這件事，
可是我不但想，
還一面流淚。

——良寬（Ryokan），日本江戶時代曹洞宗僧人

夏安才走了幾個月，我還有三個年幼的孩子，所以我盡自己所能陪在他們身邊。但是我覺得孤單，在這份悲慟之中如此地孤單，而且我好害怕。我的體重不到四十公斤，食不下嚥。

我找不到眞正**願意**傾聽的人，短短的時間就已經換了三個「專門探討」悲慟議題

的治療師。第一位諮商師建議我上教堂。第二位諮商師和我見面十五分鐘之後，就要把我轉給精神科醫師做藥物治療。最後一位諮商師比爾氣質謙遜，帶著復古黑框眼鏡，他算三位裡面撐得最久的，但是不久之後我又想尖叫著從他辦公室逃跑。他雖然嘗試著釋出善意，但是一直刻意把話題從我的悲慟與受苦中帶到我的婚姻關係。

我準備幾張夏安的照片，他只看了幾眼就還給我，彷彿那些照片是燙手山芋，毫無一絲敬意。看起來，他眞的不懂。此刻我的感覺比踏進諮商室之前還糟糕。離開的時候，我看著他，帶著眞誠也出於一種持續性的悲傷詢問他：「你自己有孩子嗎？」

他回答我：「有啊，而且我太太現在又懷了一個。」

我既驚訝又失望，不敢相信這個人雖然體驗過對孩子的愛，卻無法爲我的失落感提供更深刻的洞見。

我說：「嗯，但願你永遠不必經歷這種活生生的地獄。」說完便走出去。

難道就只有這些選擇嗎？如果是這樣的話，我不太確定自己是否能撐下去。

當我媽媽聽到我已經讓三位治療師出局的時候，隔天早上就到我家來。我其他的孩子分別是三歲、六歲和九歲，都在陽光室玩。我坐在沙發上，盯著棉花樹在風中搖曳。

媽媽和其他擔心我的人都說，「悲慟」已經變成最需要我的孩子，我不斷忙著悲慟，忙著舒緩因脹奶而發痛的胸部，每兩個小時就得擠一次奶。我們家近來早餐的趨勢居然是孩子們興高采烈的吃著巧克力棒；在夏安過世之前，我曾自豪自己是深具健康意識的媽媽，這種事絕對不可能發生。如今，即使我因爲失去和自心的連結而煎熬，我仍盡力試著保持跟孩子之間的連結。

我不曉得要怎樣應付這個世界，沒有人承認我的悲慟，也沒有人看到我對女兒的愛。夏安的死，讓我連帶缺乏照顧其他三個孩子的能力，這兩件事都讓我的愧疚感與日俱增。

母親要我把這一切拋在腦後，要我做回夏安死前的自己，因爲我受的苦也折磨著她。當天早上，她離開之後，我在花布沙發上抱起膝蓋，低頭放聲大哭。我三歲的女兒在陽光室聽到哭聲，循著聲音來到沙發扶手旁。她摸摸我的頭髮說：「喔媽媽，妳可以哭，也可以難過，因爲寶寶本來就不應該死的。」對於這個小孩的智慧與慈悲，我抱以莫大的感激。

⁂ ⁂ ⁂ ⁂ ⁂

當天稍晚，我振作起來，從大衣的衣櫃最上層拿下一盒拼圖，那是有著大峽谷哈瓦蘇瀑布風景照的一百片拼圖。孩子們樂壞了，我們輪流拼上自己找到的那塊拼圖，並且一致同意，拼圖盒子封面那張照片是我們所看過最美麗的地方。

長子說：「媽，我們以後要去那裡玩！」

我們完成拼圖，但是缺了一片。遺失的那片拼圖屬於右上方角落，湛藍天空小小的缺角。

他說：「不在我這裡。」

我告訴他：「一定在這裡某個地方。」

我們左看右看，沙發底下、桌子底下、衣櫃裡，站起來、轉了幾圈，怎麼找都找不到遺失的那片拼圖。我甚至祭出獎賞，我告訴孩子們，找到的人有一美元。雖然有賞，但是就像人部份孩子一樣，他們很快失去興致，並且回到陽光屋裡去了。

當時我突然驚覺。

難怪會有 片遺失。

看著幾乎快完成的拼圖，我看到廣闊的美景，但是缺了一角。每當我看著這幅拼圖，還沒開始欣賞畫面的美，就先看到畫面上的一個洞，那裡缺了一角。

除了原來的那一片拼圖，沒有任何一片能夠取代它的獨特性，並佔據那個位置。

※ ※ ※ ※ ※

幾個月後，我還在掙扎，我的悲慟赤裸裸呈現在眼前，而剛開始的幾個禮拜僅有的支持也不再，稍縱即逝，就像夏安剛離開第二個禮拜的時候，別人放在我家門前的捲心菜絲一樣。一天晚上電話響了，我接起來，一個顫抖的聲音說要找我，我回答：「我就是喬安。」對方說：「我是比爾，記得我嗎？妳女兒死後妳來找我，眞的很抱歉，我連她的名字都不記得。」我怯怯地說：「我記得你，我女兒的名字是夏安。」他開始哭泣，放聲大哭。我一頭霧水。

然後他問我方不方便到他辦公室一趟，我遲疑著，問他：「你還好嗎？」

「不好，」他回答我，「我們……我們的孩子走了……。眞的很抱歉我之前那樣對妳，我現在懂了。」他說：「我眞的懂了。」

我上車，開往他家。

8 暫停、內省及感受意義

我們只有一個實相，那就是此時此刻。
因為逃避而錯過的不會再回來……。
每天都是寶貴的，一個片刻即為一切。

——卡爾．雅斯培（Karl Jaspers），德國哲學家

我們究竟要如何承擔無法承擔之事？如何忍受難忍之痛？如何渡過這樣的心碎時刻？初期的悲慟感受起來如此狂野、原始、不規則又瘋狂。這樣的情緒在未經我們同意之下，佔據我們的注意力、用盡整個室內的氧氣而且無預警的爆發。我們的心習慣周而復始地重播與悲慟有關的內容。感覺無處可逃，而且我們的悲慟總是拖得太久，一般人認爲不該這麼久。但是這份悲慟像敞開而且血流不止的傷口，懇求我們照料。

「我在這裡，」悲慟說：「小心對待我。停下來、暫停，留在我身邊。」

一九八〇年代，我開始學空手道，學習過程中我們必須練習幾組基本動作，叫做「形」（**Kata**）。這些動作看似順暢，一個接著一個，但其中有一個經常被忽略的關鍵，就是暫停。「形」裡面的暫停就是要停留、靜止不動，等待並且仔細聆聽。這麼做的重點在於創造空間，在下一個動作開始之前，從容地結束上一個動作。

這個暫停是一種藝術，跟悲慟的道理十分相似。在話語之間、呼吸之間、是與不是的片刻之間。我們記得要停留，做幾個又深、又慢、又長的呼吸。

Selah 這個字在希伯來文的意思是「暫停、省思和感受意義」，在希伯來聖經的《詩篇》（*Psalms*）中出現將近七十次。悲慟的本質是詩意而憂傷的，而詩歌亦如同悲慟，是顛覆、放肆而忤逆的。詩歌因其必要而違反語言的常規。詩幫助我們感受，當我們允許自己去感受那些應該感受的，我們就衝撞了社會否認悲慟的僵化結構。

※※※※※

晉是一位五十歲的父親，他的長子馬克在二十三歲時自殺，過了將近三年後，晉才尋求諮商。在兒子剛過世那段時間，他參加過幾個互助團體，但後來就沒去了，因爲他覺得「怪怪的」。他形容自己完全像行屍走肉，雖然還是每天去上班，但是不再跟朋友出去，他覺得旁人對於他的失落缺乏體貼，因此退出所有社交活動。他告訴我，重點是他經常感覺孤單，這份孤單的感受就像被他人遺棄，而這些人之中居然包括認識他兒子也很疼愛他兒子的人。

過去幾年來，晉瘦了不少，也經歷失眠、惡夢、極度情緒崩潰、癱瘓式恐懼，還因爲兒子的死受侵入式想法而苦。過了一段時間，他開始避免想到兒子，甚至把他的照片從家中牆上拿下來。他尋求諮商是因爲他發現自己和還在世的孩子們之間的關係已不如從前。我們第一次訪談歷經兩個半小時，其中有很多漫長的、情緒滿溢的沉默時刻。在那次諮商當中，晉覺得第一次有人「聽到和看到」他的悲慟。

我們初期的諮商聚焦於無條件與悲傷同在，並且不帶批判。我告訴晉，即使要進入他口中那個「黑暗之地」，我也會陪他去。這代表他能夠對自己的情緒坦誠，因爲他信任我願意接受並且面對他呈現的每一面。很快的，他開始排出時間做每日的靜觀冥想，這是一段特定的時間，他練習和自己的情緒在一起，早晚各十分鐘。他也開始寫情緒日記。

在我們的第五個療程，晉專注在他感受到的無形憤怒。我們討論帶著正念憤怒應該是什麼樣子，他如何帶著正念去感受、回應他人或面對狀況。我們討論出以下六個步驟：

1. 當盛怒在心中升起時，認出這個情緒。
2. 帶著好奇與開放性接近這份憤怒。

3. 問：對我來說，此刻的憤怒代表什麼？
4. 做一些深沉緩慢的呼吸。
5. 如果有必要，離開這個情境或眼前的人。
6. 當我們感覺快要「爆炸」的時候，使用漸進式肌肉放鬆法。

在第十次諮商的時候，晉覺得他的盛怒獲得很大的釋放，由於每週的回顧，從他的情緒日記中也確認這一點。他的作息改善，也不再做惡夢。到第十三次諮商時，他的體重增加了約三公斤半。

當晉覺得他準備好的時候，我們開始更主動的接近他的悲慟，這份主動包括深入覺察兒子的死亡，對於此事，他有哪些細微甚至帶著矛盾的感受？結果，關於兒子的自殺，晉認出之前沒發現的罪惡感和羞恥感。他發現自己認定其他人一定覺得自己的兒子很「軟弱」，而且這個做父親的沒有盡全力幫助自己的兒子。這個發現挖出做父母親的強烈責任感，所有線索加在一起讓隱藏的情緒浮現：晉覺得自己該爲兒子的死負起全責。

我鼓勵晉連續寫幾封信給馬克，在信中表達自己沒有好好做父親的失敗。他寫下以前馬克小時候，他不在馬克身邊的時光、他錯過馬克的哪些活動、他很後悔馬克自殺當天沒接到他的電話，然後在那些信中，我鼓勵他請求馬克原諒他。

我請晉至少等半個小時，然後在同一本日記中寫下馬克的回信。「現在你請求馬克的原諒，你覺得他會怎麼說？」

對晉來說，這是一個很有力量的練習。他說，他「眼淚都哭乾了」，但是這麼做「感覺很好」。他跟我說：「我彷彿聽到他的聲音說**爸，我愛你**。」

當晉在處理一部份罪惡感和羞恥感的時候，他跟在世兒子的關係改善，也交到一些新朋友。同時，他開始參加悲慟父母互助團體每個月的聚會，而且沒有中斷。最後他的體重又回到原來的數字，也能夠自在地談論馬克，甚至把馬克的照片掛回家中原來的地方。

我和晉相遇兩年後，他向我表達想幫助其他悲慟父母的願望。從那時起，他就規律的擔任義工，協助其他悲慟的家長。

晉學會與悲慟**共處**，向悲慟臣服，然後發現自己可以運用這份悲慟做些事情。

9 恐懼背後的恐懼

去愛，你一定會心如刀割，
還有可能心碎……。除了天堂之外，
唯一能夠免於愛的危險和煩擾之處，
就是地獄。

——C・S路易斯（C.S. Lewis），英國作家、詩人

馬克・吐溫是美國小說家，同時也是一名悲慟的父親，他曾說「因懼生，而懼死」，害怕或恐懼之所以在我們的悲慟中扮演重要的角色，是因爲它們不僅影響我們接近或逃避自身悲慟的方式，也影響他人接近（或迴避）我們悲慟的方式。

學者薛登・索羅門（Sheldon Solomon）提出一個理論，我認爲他的理論解釋爲

何悲慟（和悲慟者）與死亡（以及走到生命盡頭或大限將近的人）在我們的社會結構中缺乏注意和關懷，甚至受到輕蔑。索羅門這套稱爲「恐懼管理」的理論，是建構在人類文化學家厄尼斯特．貝克（Ernest Becker）的普立茲獎得獎著作《否認死亡》（*Denial of Death*，一九七三年）之上。

貝克的書中提到，人類在人生某個時刻意識到自己的生命是有限的，因爲對死亡焦慮，所以激發這樣的覺察，活在這個一切都會消逝、每個人都會死亡的世界使人心生畏懼，爲了要讓一切正常運行，人類必須壓抑接踵而來的焦慮情緒和念頭。

根據貝克的理論，文化主要的功能就是幫助我們壓抑這一類的想法和感受，以維持秩序。這麼做可以讓我們以爲自己能夠不朽，毫髮無傷、身強體壯。就某個觀點看來，否認死亡就可以否認這個血肉之軀，也就是這個生命有限的自己。這種做法無所不在，因爲唯有這麼做，我們才能管理自己的恐懼。

「凸顯死亡的必然性」這一理論強調，如果一個人對死亡懷有很強烈的恐懼和焦慮，他也比較容易陷入否認和逃避的情緒裡。這是因爲不論他是否意識到這點，他都覺得自己的生命受到威脅。所以害怕死亡（或悲慟）的人會建構其他的防禦機制，以解除任何眼前的壓力。這些防禦機制其實是在潛意識裡**假裝逃過一劫**，好像一旦心理上有這樣的想法，就可以對抗那無法避免的苦——「死的人不可能是我，我不會失去所愛的人，我不可能這麼脆弱。」

我看過個人的逃避，其實他們的逃避也不過是整體心態冰山一角的呈現而已。同樣的恐懼也呈現在更大的體系裡，譬如教堂、學校、社區，廣義來說，連文化群體也有這種態度。在這些機構內，逃避是心照不宣的事實。雖然我們所有人都會經歷所愛之人的死，社會系統內的一股力量卻抗拒這個事實，採取全面性逃避的態度，這樣的逃避容不下正在經歷悲慟的人，還提倡對他們的敵意，想隔離他們。

有一次我接到一通電話，來電者是一位憂心的小學諮商師。一位九歲小女孩的母親幾週前去世，當所有的孩子在製作母親節卡片時，女孩的老師要求她離開教室。這位老師不但沒有和這個悲慟的孩子聊一聊關於母親的死亡，詢問她是否想做一張卡片帶到墓園去送給媽媽，反而把她隔離在另一間教室。由於缺乏對死亡的覺察以及悲慟的教育，這名老師害怕挑起女孩心中的情緒，我們甚至可以假設這位老師本身也害怕自己的情緒被挑起。這位諮商師和我合作討論後續的處理，包括邀請這個小女孩製作一張卡片，其實孩子本來也有這個打算。然後我們提供一些心理教育的資料，輔導這位女孩的老師和學校的管理人員，指導他們如何給予悲慟的孩子適當的支持。

處在避免談論死亡及悲慟的文化中，一個悲慟者變成社會結構不願意也不知道如何面對的外人，這樣的迴避本身就是一種悲劇。

思考我們所愛之人的死亡，以及在亡故後續的餘波中感覺巨大的悲慟，讓我們直接面對生命中真正重要的事。這麼做讓我們知道，身為人就會受傷、就會經歷痛苦，也會因愛而承受風險。

10 一味追求快樂的危機與融合對立的感受

同一條路裡面，
會經歷上坡，也會經歷下坡。

——赫拉克利特（Heraclitus），土耳其哲學家

只要去愛，就無法避免受苦。

能夠深深去愛就是體會生命最奧妙的禮物，而人生中所能遭遇最深刻的其中一種悲劇，莫過於失去所愛之人。這兩者有可能同時發生，但是有一天我們居然能夠再度在內心之中找到一絲喜悅，這是既深刻又充滿奧秘的經驗。

但恐懼悲慟的文化讓我們對此麻痺。我們被灌輸這樣的觀念：「只要想些快樂的念頭就好！」或是「你可以選擇過得快樂！」

人們把「追求快樂」奉爲圭臬的程度不亞於對美國憲法的尊敬，但是萬一我們一直以來都錯了怎麼辦？

維克多．弗蘭克（Viktor Frankl）是納粹大屠殺的生還者，也是啓發新觀念的著作《活出意義來》（*Man's Search for Meaning*，光啓文化，二〇〇八年）的作者，他曾經警告人們要小心對快樂的追求，強調我們不能追著快樂跑，並以爲快樂勢在必得。唯有將生命奉獻在服務他人，快樂才會隨之而來。這個觀念大大動搖了鼓吹快樂者建構理念的基礎。

身爲人類，如此執著於快樂使我們付出巨大的代價，這份代價是肉眼所看不見的。我們失去感受脆弱的意願或能力，喪失與自己、與他人及與世界的連結，最嚴重的是，我們失去誠實、坦白和理應表達的悲慟。

視悲慟爲不合理的誤會無所不在。有些心理健康從業人員表示他們有對治悲慟的特殊療法；有些醫生和精神科醫師開藥撫平悲慟；有些生命教練宣稱他們可以在三個療程之內「治好」悲慟。有些心靈導師甚至提倡一種說法，以成功神學的觀點看來，他們認為悲慟是一種自憐，所以他們建議我們相信上帝，把這份千眞萬確失落的經驗交給祂。

以上所有說法都是根據二元對立的觀念，堅信感覺悲慟和快樂一定是完全相反的兩種感受。但是，眞的是這樣嗎？

去年我遇到一位女士，她十六歲的兒子罹癌過世。她告訴我，兒子的離去讓她備感失落，連活著都會痛，我很能體會她的感受。當我們開始諮商的時候，她也告訴我，那時候她開始感覺到對生命的感恩，強烈的感謝她和兒子共同渡過的每一秒。

對有些人來說，同時談到悲慟和感恩的感覺很奇怪。

對其他人來說，如果我們不跟著時代潮流一窩蜂追求快樂，就會發現同時擁有這兩種感受是顚撲不破的眞理。

同時也好，不同時也罷，我主張擁有快樂的感受並不表示無法感受痛苦、悲慟或哀傷。憂愁和滿足、悲慟與美好、嚮往與臣服是可以共存的，這叫做融合對立。這個觀點讓我們不再從短視近利和二元化的角度看待我們的情緒，我們的情緒不一定要非黑即白。

人不會只感受喜悅或只體會憂傷，也不會只是持續處在悲慟或只懷有感激的情緒。滿足和絕望的情緒不會只能擇其一，我們可以同時體會兩者。

在悲慟初期，眞的很難想像人生還有任何快樂的可能性，然而，喜悅一點一滴在我們生命之中累積，從幾秒鐘到幾分鐘，慢慢變成幾小時或幾天的滿足。我們逐漸重拾感受喜悅的能力，在悲慟之中，我們發現自己還有空間感受喜悅。即使在喜悅或輕盈的時刻，我們還是沒有忘記悲慟，因爲我們永遠不會停止想念所愛的人，我們想聽他們的聲音、想跟他們擁抱、也想碰觸他們，只要他們在就好。即使當我們因爲失去而感到絕望的時候，還是能夠因爲自己所擁有的心懷感恩。

否認死亡的文化以追求幸福爲餌，利用這類謊言讓我們輕易上鉤。一旦接受這樣的觀念，就會發現自己開始責怪和抵抗痛苦的情緒。

在我和悲慟者的諮商工作中，我費盡九牛二虎之力推翻這個訊息，試圖讓大家從非黑即白的觀念走向更包容的想法、放下二元對立的執著。

美好與痛苦同時存在，但是當我們處於悲慟初期時，為了再次看到這個世界的美好，首先我們必須感受並體會這份苦。若我們能做到這樣，就會開始注意到自己在這看似兩極的狀態中來回擺盪。我們不需要拒絕痛苦才能感受快樂，也不需要為了感受痛苦而責備快樂，這是習慣二元對立思考的心所設下的陷阱，這麼做只會限制我們的生命，不會為生命帶來肯定。

當我感受人生的喜悅，並不代表我得處於事事順心、毫無損失、皆大歡喜或無人死亡的狀態才行。最重要的是，感受喜悅並不等於我得禁止悲慟，因為我很清楚，我得習慣這一輩子都會感受到悲慟來來去去。

深入活出這個道理代表在每一刻接受我們所有的感受，而且不試圖去改變它們。

這麼一來我們便能漸漸在生命的真相之中體會平靜。

※ ※ ※ ※ ※

否認死亡及否認悲慟，只熱衷於快樂的情況越演越烈，類似的效應還有注重經濟大於哲學、注重生產力勝過良善、只求生活喜悅而不求真心誠意、傲慢勝過謙遜、貪婪卻不重視有意義的人際連結，自稱是療癒者的人只帶著個人訴求，卻沒有原本應該具備的慈悲心。

上述的現象令人不寒而慄，也讓脆弱的悲慟者更無地自容，選擇躲起來。遇到這種狀況，悲慟者就變成掩飾情感的高手。當他人或自己批判這份悲慟是負面的、太超過或是拖太久，我們的羞恥感立刻轉變成壓抑。如果他人無法忍受看著我們痛苦，我們就學會把痛苦藏好，甚至覺得我們一開始就不應該有這樣的感受。透過他人明顯的反應，我們得到一個結論，就是這份痛苦真的很難承受。雖然宣洩這份痛苦是必要而且理所當然的，我們卻爲了提早結束這份感受，而承受更多不公平且沒必要的難過。試著避免悲慟的危險就是悲慟的感受會從旁冷不防出現，而且當它眞正出現的時候，你反而認不出那是伴隨失落而來的情緒。用存在主義心理治療師歐文·亞隆（Irvin Yalom）的話來說就是：「痛苦就在那裡，當我們對它關上心門，它就敲打另一扇門，試圖從其他地方進來。」或如詩人魯米（Rumi）所說：「有一些撕裂處怎麼補也不會好。」

問題的根源就在於悲慟（尤其是創傷性的悲慟）會一直等待我們，只是如果等得太久，通常會等到變形，當悲慟扭曲，百害而無一利，只會毒噬我們的靈魂。

就算沒有因爲失去至親而苦，只追求「正面」情緒，企圖避免「負面」情緒仍然不太健康。爲了追求或造作不同的情緒而切斷和自己眞實感受的連結，對我們的人性是一種否定。舉例來說，因悲慟而產生的苦本歸我們，若能重新去感受，就不需要再用尖酸刻薄的態度面對，也不需要浪費寶貴的力氣嘗試擺脫那些情緒或希望它們消失。單純也好，複雜也罷，我們都能隨它去。

不管出現什麼情緒，就讓它呈現原來的樣子。當我們這麼做的時候，我們就會看到我們的情緒總是在變，就算沒有馬上看到，之後也會看見。情緒這個字的拉丁字根是 movere 或 emovere，代表著「穿越」或「往外移」。我們的情緒會進駐、穿越我們，也會在人我之間來回。當我們允許情緒自由移動時，它們就會改變，可能是略微改變，也有可能是逐漸改變，但這份改變勢必會發生。

這就是悲慟最直指人心的訊息——你無法迴避，唯一的選擇是直接穿越。

11 不入悲慟，則難入愛

你以為自己的痛苦和心碎是歷史上前所未有的程度，
直到你開始閱讀，才從書中得知，
原來折磨我最深的，
與把我和古今所有人連結在一起的，
是同一件事。

——詹姆斯．鮑德溫（James Baldwin），美國作家

我朋友珍妮是任職於工程公司的土木工程師。她不時抱怨自己的老闆飲酒過度，而且對員工毫無同理心。員工眼中的他不但粗魯、不關心別人，而且冷漠。他太太也非常貪杯，好幾次辦公室的行政助理都得打電話叫計程車送他們，因爲兩個人都醉到不省人事，無法安全開車回家。當然，公司主要的問題就是士氣低落，唯一一個待超

過一年以上的員工就是會計。雖然老闆和老闆娘很有錢，但是他們從來不給員工分紅，過節也不送禮，甚至從沒表達一點基本的感激之情。放假期間，我朋友想收集一些舊的冬衣分給那一區的街友，他的老闆不但禁止她這麼做，還批判低收入戶，一竿子打翻一船人。因爲這件事，珍妮既氣憤又難過，所以開始在其他公司找工作。她這輩子從來沒遇過這麼貪心、疏離又冷漠的人。

她向公司的會計坦白自己的沮喪還有離開的決心。會計是公司唯一待得最久的員工，透露老闆不爲人知的過去。八年前，就在她剛來到公司工作不久後，老闆的兒子死於白血病。會計說，其實老闆以前不是這樣的人，她剛來上班的時候，老闆和老闆娘都不會酗酒，但是兒子的死瓦解了這個家庭，也讓父母兩個人都崩潰。會計還補充說明，在孩子死後，她完全沒見過老闆或老闆娘掉眼淚。他們把孩子的相片從辦公室的牆上拿下來，彷彿他不曾存在過一樣。他們既心碎又恐懼，因爲這份悲慟情緒缺乏消化，隨著時間過去，他們的心也變得愈來越無情。

如果不去體會悲慟，我們一定無法體驗到愛。身爲現代人，我們非常善於迴避悲慟與創傷，切斷自己和疼痛的連結。恐懼感促使我們迴避，以便削弱眞實的感受，但是這麼做卻在心理上讓我們受困於自己的恐懼。因爲過於擔心，我們無法讓愛流露，爲了自我保護而在心的四周築起一道高牆。但是這麼做卻讓我們切斷與人性的連結，不但失去和自己的連結，也失去和他人的連結，就像珍妮公司的老闆和老闆娘一樣。而且，我們內心深處都明白這個眞相。

但是我們的文化千方百計想「封閉」這份感受。我們恨不得把悲慟打包，綁個緞帶寄出去，只要不在我們身上，去哪裡都無所謂。

其實以前不是這樣的，而且這種情況也毋需繼續下去。

⁂ ⁂ ⁂ ⁂ ⁂

當我在靈性團體中培養帶領者的時候，我常提醒他們，心靈修行是**進入**痛苦的方法，而非遠離痛苦的方法。當教導醫療或心理健康團體時，我提醒他們，自身的恐懼可能會阻礙他們關愛或照顧悲慟者。我請求他們想像今天面對的狀況是自己的孩子、伴侶或父母過世，結果很多人拒絕這個練習，因爲光用想的就夠恐怖了。但是如果這個想像練習證明我們連**想到**這件事都覺得壓力太大，那眞實遭遇這個狀況的人該怎麼辦？身爲培訓治療師的教授，我提醒學生他們和自己的客戶都在同一條船上。「只要去愛，一定會經歷悲慟」，許多人從沒以這樣的方式思考，不曉得原來他們和客戶的立場相同。在宗教、社會、醫療及教育團體中對正面感受的追求滲透到大眾的想法中，深深影響大眾對悲慟的看法。

許多心靈修行傳承中的神祕主義視受苦爲必要的、重要的，因爲這個過程是唯一更接近神的方式，或是轉化我們存在的方式。然而在這個任何情形都醫療化的時代，正常的悲慟與創傷變成精神失常，這些情緒被貼上診斷代碼，變成運用藥物就可以治療的狀況。但是，如果我們把悲慟當成一種病，那愛也是一種病。

最近我爲一位悲慟的母親做諮商，她說我是她生命中「最後一線生機」。因爲她不斷被醫生診斷爲罹病狀態。他們說她精神失常，更切確的說法，是重大憂鬱症加上創傷後壓力症候群。她因一場大火而失去先生和兩個孩子，在這樣的事件過後，「精神失常」的判斷所指爲何？她告訴我，眼淚幾乎每一天止不住地滑落，即使他們離開七個月後還是停不下來。她一直想，如果她當時採取不一樣的措施，是否就可以挽救他們的生命。有些日子她能夠好好坐在他們的房間裡，其他日子連要經過那些房間都有困難。以上所有的反應都是正常而且具有人性的。以臨床觀點看來，如果一個人經歷了這麼多，卻沒有相同的感受，那我才會擔心。

文化視她的狀況爲病態的反應，傳遞出這樣的訊息：要她停止感受這些因重大失落而產生的深刻悲慟。當一個女人失去丈夫和孩子，不但不允許她盡情感受心中的悲慟，也不尊重她經歷悲慟所需的時間，這種文化就是在提倡迴避情緒。

從某個觀點看來，我懷疑迴避創傷性悲慟可能是當今的人類所面對最大的威脅，這份迴避也要爲各式各樣的痛苦負起責任，譬如成癮症、虐待、社會上的疏離，甚至戰爭。當我們切斷與悲慟的連結，我們也切斷和自己的連結。當我們斷了和自己的連結，我們也就斷了和他人以及自然世界的連結。這種循環在不知不覺間惡化，不但帶來不必要的痛苦，還蔓延到家庭、社群、文化甚至後代身上。我們以爲自己巧妙迴避痛苦，卻不知道反而將它放大。

如果我們迴避得夠久，不管是個人、家庭或文化，都會開始四分五裂。當這樣的情況發生的時候，我們的情感廣度和世界便不斷萎縮。

傑克·康菲爾德（**Jack Kornfield**）在《把佛法帶回家》（*Bringing Home the Dharma*，二〇一五年）中寫道，當他抵達阿姜查的寺院時，這位禪師告訴他：「我希望你不怕吃苦。」傑克問老師這句話是什麼意思，因爲其實他到寺院來是爲了禪修，想要找到平靜與快樂。

阿姜查說：「世界上有兩種痛苦，第一種是我們不願面對生命的眞相而想要逃避的痛苦，第二種痛苦是我們願意停止逃避世界上的悲慟和困難時所遭遇的痛苦，第二種痛苦會引導你得到自由。」

12 悲慟強度與因應能力

不為而成。

——老子，中國哲學家

當我幫悲慟者進行一對一諮商時，我通常不設定目標，也不帶臨床目的，在相處的時間中，我既不擬定療程計畫、不試圖引導症狀減輕，也不降低悲慟程度。整個過程中，我就只是陪著他們，隨他們的情緒起伏、陪他們走過一波又一波的悲慟，甚至穿越悲慟，但是不帶任何期望。這麼做，就不用趕著達成某個目標，也不需要以某個特定的結果爲導向。在這之中，如果我扮演任何角色，那就是盡一己之力幫助他們在個人所面對的家庭環境及身處的文化思想中感受自己的故事，而且是完完整整、一刀未剪的版本。

然而，我不幫助他們以主觀判斷的角度降低悲慟指數，我幫助他們提高因應悲慟的能力。以下是一份整體評估表，看起來大致上像這樣：

悲慟強烈程度（1最弱，10最強）

1 2 3 4 5 6 7 8 9 10

因應悲慟的能力（1最弱，10最強）

1 2 3 4 5 6 7 8 9 10

這份工具幫忙強調且區分出眼前的兩件事：我們感受到什麼以及如何應對自己的感受。

如果某一天我感受到強烈的悲慟，指數是最強的十，例如夏安生日當天，但是我的應付能力是九，那也蠻高的。這樣一來，當我想要如實去體會這份情緒時，我感受到的，和我能夠承受狀況的能力之間落差不大，這份壓力我可以應付得來。

但是如果我的悲慟指數爲六（在中間偏高的程度），但是當時的應付能力只有二（偏低），那麼這樣的落差可能就會給我帶來很大的壓力，心情也會受到大幅度的波動。在這種情況下，我比較不放心讓自己去完整經驗情緒，不管我是否有意識到自己的選擇，我會選擇適合當時的方式，先「跳脫」這個情境。

在這個模式裡，我們並不試圖把第一組數字（悲慟強烈程度）往下帶，而是鼓勵第二組數字（因應悲慟的能力）提升。這麼一來，悲慟程度可以更自然地落在任何一個地方，不論指數高低都無所謂。這個指數的變動和起伏本來就無法避免，而且會隨著時間和狀況而改變。

以這個角度來看，我們著眼於強化個人能力和運用他人的幫助，而非淡化悲慟的各種面貌。這麼做相當重要，因爲一旦超過某個時間點，悲慟就會一再重複浮現。這份情緒會從可見變爲不可見，起起落落。

某一天，可能悲慟指數會降到一或二，但是確定的是，即使過了若干年後，一定會出現某些時刻，悲慟指數又會再度升高。如果我們不相信自己有能耐應對悲慟的起伏與展現，只會發現自己越來越難忍受情緒浮現，唯一的因應之道就是轉移自己的注意力，但是如果悲慟增強，我們對轉移注意力的依賴也可能會成癮。

悲慟和愛一樣，都不受時空限制。

如同整個自然界，悲慟有其韻律周期，也有它變動的脈搏。

我們只需要如實感受。

13 收縮與擴張的過程

世界上所有的美都因淚珠之露而滋潤。

——希奧多・哈克（Theodor Haecker），德國作家

悲慟是一個擴張又收縮的過程。

擴張又收縮的模式在自然科學中無所不在，從天體物理學、細胞生物學，到熱力學及化學都遍布這個模式。當老化的巨大質量恆星燃料用盡時，它就會開始收縮，這股收縮是逐漸產生，但是最後可能會導致一個戲劇化的擴張，而產生超新星。這個過程的另一個例子就是分娩，如果沒有收縮，孩子生不出來。收縮的過程十分劇烈、那股痛難以形容，但是有效向內運動結合子宮頸的擴張對分娩來說至關緊要。

悲慟一而再、再而三發生的時候，就像反覆經歷收縮與擴張的過程。在這個模式

之中，收縮並不是**錯誤**的，也不是**不好**的，我們不應該停止收縮或控制收縮。對於擴張來說，收縮是必要的，所以收縮是擴張的一部份。

悲慟的收縮狀態發生在我們的注意力或能量被往內拉的時候，周遭的環境變得狹窄，會產生這種感覺有可能是因爲在這一刻我們感到無所適從。當感覺無所適從的時候，我們在情緒上是收縮而緊繃的，我們保存能量和注意力，專注於悲慟和自己身上。在收縮的時刻，感覺起來連生存都是個問題。我們可能會覺得不穩定、不安全及無人支持；我們可能會感到無力、絕望、既恐懼又脆弱。在這樣的時刻裡，我們可能會縮起身子，屏住氣息；在這樣的時刻裡，我們感受到自我保護的必要性。在某種程度上，我們感受到這樣的收縮能拯救我們。

擴張狀態則可能會隨著深呼吸而發生，而且是接在收縮狀態發生之後，那是小到有點微不足道的擴展。允許收縮自然發生，這個現象遲早會自然消退，等到緊繃感鬆開之後，我們成長了，更願意冒險及探索，更願意承擔風險，甚至敞開心胸或放下心結。此時我們會發現自己處於信任、安全、好奇及甘願的時刻，我們有連結感、歸屬感，甚至可能還會產生希望。

從前是收縮狀態拯救我們，現在則是擴張狀態會拯救我們。

在這個模式裡，擴張同樣不是**錯誤**或**不好**的（當然也非**好**或**正確**的），擴張同樣不需要被停止或控制。因爲，唯有先擴張才會產生下一波收縮，因此，擴張也是收縮的一部份。

※ ※ ※ ※ ※

在我與羅藍碰面四個月前，他的太太蘇珊和兩人的獨生子死於一場車禍，兒子走的時候還只是個嬰兒。羅藍是一個害羞又低調的工程師，因爲晚婚，當時已經四十多歲，悲慟難耐。在我們前幾次談話時，他與我少有眼神接觸，通常只是頭垂得低低的。當他開口時，好像在喃喃自語，幾乎沒人聽得見。

然後到第六個月時，羅藍來的時候心情比較輕鬆。幾天前他重新和一些老朋友連絡上，他們要求看看孩子的照片。大家一致認爲這孩子傑克森看起來跟爸爸像極了。他向我描述，當朋友跟他談起孩子的事時，他既心碎又窩心。當天晚上回家之後，羅藍把他和蘇珊的結婚照片掛回主臥室的牆上，還看了傑克森的誕生影片。

在我們共處的好幾個小時以來，這是他第一次在談話中和我保持眼神的接觸。「我覺得我應該做得到。」他帶著一絲希望說。

半年後，也就是蘇珊和傑克森逝世一週年時，他和我約在辦公室見面。他的臉垮下來，一臉陰沉，完全傳達了他說不出口的情緒。他坦白地告訴我：「我再也不知道怎麼活下去。我覺得我整個人生都完了，什麼都沒有，我爲什麼要來這裡？」

我問他，不想出現在這裡的感覺是什麼樣子的感受。

「一切失去意義，在我世界中的一切都是黑白的，所有食物味同嚼蠟……。幾個月前我以爲我有進步……。現在我在一個洞裡面，一個渺小不已的洞，一個櫃子裡。

剛開始那幾個月的感覺又回來了，我只想逃。」

我們聊了一個多小時，話題集中在逃跑和那個又小又窄、充滿收縮痛楚的櫃子，我問他是否能跟那份感受共處，直到有所變化。

他問道：「萬一它就是不變怎麼辦？」他的聲音聽起來幾乎陷入恐慌。

「會變的。」我說，「萬事萬物都會變。」

在那次碰面時，羅藍開始挪出空間包容不確定性。然後，幾週之後，他開始注意到自己又變得輕鬆，那個窄小又帶著收縮痛楚的櫃子門居然開始打開了。

我們又進行了將近三年的諮商，羅藍開始可以把自己的悲慟看成一連串的收縮與擴張狀態。有一天，在我們諮商的後期，他分享自己的領悟——在收縮狀態當中（現在他已經很擅長臣服於此），只有可以給他安全感的人在身邊時，他才能對自己的感受暢所欲言。如果在那一陣收縮狀態當中，他覺得周圍沒有足夠的支持，不知道從櫃子出來的時候面對的是什麼樣的對象時，不管那個人站得是遠是近，他就很容易被悲慟情緒淹沒，而且很難忍受與這份情緒共處。

在我們最後一次碰面過了一年之後，羅藍在收縮狀態時寫電子郵件給我。光是知道他需要的時候隨時可以找我，就讓他很安心。他說，這次的收縮狀態會發生是由於他和一個同事之間情愫漸生。這些心動的感受讓他沉入質疑之中，他有種背叛太太和小孩的感覺。

在這段期間，羅藍跟我進行了幾次諮商。我們花幾週的時間跟那些情緒共處，看著這些情緒滿溢又消退，最後，他開始注意到自己的改變能夠維持得比較久。

兩年後，他跟那位名叫南西的女同事結婚了，婚禮上，他們也向蘇珊及傑克森致敬。南西和羅藍把蘇珊和傑克森的照片放在一張特別的桌上，在婚禮結束前保持片刻的沉默，以紀念他們。

羅藍告訴我，南西對他前妻與孩子的尊重讓他們的感情更加親密，連結更深刻。

在收縮狀態期間，擁有支持我們的人是非常重要的，萬一痛苦到了極點，我們可以回頭看看他們的眼睛，尋求他們眼中的慈悲，然後在另一端繼續撐下去。在擴張狀態期間，我們也不能忘記尊重收縮、回憶收縮，而且回想起我們曾經經歷多次的收縮，也知道未來會再次發生。

我們可能會害怕只經驗到**收縮**，也憂心這個狀態永無止境，留下我們餘生都因爲痛苦而癱瘓，對愛和生命感到恐懼，也擔心受到更多痛苦，彷彿生不如死。我們可能會只想要**擴張**，這麼做反而徒勞無功，這種心態就像一縷憑空想像的幽魂或遲早會被拆穿的詭計。試著只活在擴張狀態不但自欺欺人，且這份不眞誠最後會讓我們無法滿足於自己的身分。因爲長期的僞裝，我們會失去自己的靈魂。

⁂ ⁂ ⁂ ⁂ ⁂

悲慟的自然過程就像整個大自然，就是不斷地收縮、擴張，收縮、擴張，又收縮再擴張，或許沒有盡頭。

情緒在我們內在移動，情緒也會穿過我們，或是在我們之間移動。

先有混亂，才有整合。

先有收縮，才會發生擴張。

這是宇宙的智慧、身體的智慧，也是你心中的智慧。

14 愛與失落的碰撞

我不知道她會離開，而且是帶著我們的生活離開，
卻把黯淡的身體留下來……。
我要怎麼理解這份感受？我要怎麼適應這個狀況？
我的生命為何受此掠奪？誰會從中獲益？

——馬克．吐溫，美國小說家

默琳看到我的眼神，立刻明白。

但我還是得開口。

她蜷曲身體，躺在我的大腿上，膝蓋抵著胸口，在汽車後座啜泣：「不，不，不，不，喔天哪，不！」她和我都倒抽了好幾口氣。我抱著她，眼淚浸濕我的襯衫，

淚水掉入我上衣的領口沾到肚子，我一面抱著她，一面掉眼淚。

當默琳爲母親哭喊時，她的身體、腦袋、心和靈魂都在反抗，她的姿勢好像還棲息在媽媽的子宮裡一樣，把十八年的生命都放在我懷裡，我們開了十六公里的路去向她母親道別。

⁂ ⁂ ⁂ ⁂ ⁂

十年前，我認識默琳的母親泰芮，那時候她搬到我鳳凰城的家對面。我們很快就變成好朋友，一起過節、每每聊到深夜，哲學、善意、愛與慈悲心一類的話題總讓我們欲罷不能，我還差點成功讓她吃素。

爲了紀念她姐姐凱芮，泰芮自願在母親互助關懷協會（The MISS Foundation）擔任義工。姐姐四十年前過世的時候，她還沒出生。當泰芮和前夫邁克訴請離婚時，兩人既從容、和氣又互相幫忙，後來還維持多年的親密友誼。我相當敬佩他們在那場離婚的悲慟之中仍然彼此互相照顧的情誼。隨著時間過去，不管白天或黑夜，只要遇上難關，我就會去找泰芮聊聊，有時候聊的是身爲新手單親媽媽的掙扎，有時候聊的是關於她心中對人類存在的疑問。當我搬到瑟多納的時候，她會來找我，我們去健行，然後一起靜靜地坐在紅色大岩石上。

泰芮依舊住在鳳凰城，有一天我剛好去那開會，便傳簡訊問她要不要一起喝杯咖啡。

她回傳訊息：「喬喬，眞抱歉，我狀況非常不好，改天好嗎？」

「喔，眞不巧，生病嗎？」

「嗯。」

「好吧！早日康復喔，愛妳！」

這是我們最後一次連絡。

※　※　※　※　※

我當時不曉得泰芮的憂鬱症非常嚴重。

幾週前她在加州，那邊的醫生開了好幾種精神科用藥，希望能夠穩定她的狀況。結果適得其反，她狀況惡化，更加沮喪，向下跌入漩渦中，行爲和平常差距很大。出現的狀況有靜坐不能（akathisia）❶、快感缺乏（anhedonia）❷、不理性、恐懼式焦

譯註：

❶靜坐不能：有一種因為藥物引起的「靜坐不能」（Akathisia）副作用，常常被誤認為患者本身的精神症狀，因此被忽略。靜坐不能症狀包括焦慮不安、坐不住、抖腳、以及反覆地跺腳等行為，長期下來，往往使患者陷入更深的沮喪情緒。當靜坐不能症狀與其他精神疾患如憂鬱症、強迫症遇在一起時，在部份患者的案例中，甚至會引起攻擊傾向、以及自殺傾向。大多數的靜坐不能副作用，是因為服用抗精神病藥物所引起的，少部分在服用止吐藥物（antiemetic）、與鈣離子通道阻斷劑（高血壓藥物的一種）等其他藥物之後，產生靜坐不能的副作用。

資料來源：藥．你小心！http://pharmnet.tw/2011/04/27

國家教育研究院，雙語詞彙、學術名詞暨辭書資訊網 http://terms.naer.edu.tw/detail/721440/?index=127

❷「快感缺乏」是由某些不同原因引起的，主要症狀就是在從事某些通常讓人愉悅的活動時卻感受不到快樂或樂趣。這是憂鬱症的主要症狀之一，若出現此症狀，即使聽音樂、享受美食、性愛或對話都無法使人開心或感受樂趣。

資料來源：美國今日醫學新聞網（MedicalNewsToday）https://www.medicalnewstoday.com/articles/320737.php

國家教育研究院，雙語詞彙、學術名詞暨辭書資訊網 http://terms.naer.edu.tw/detail/721442/?index=3

慮以及人群恐懼症。最後一項狀況最嚴重，因爲泰芮一直以來都非常依賴一小群朋友，結果她最後連看到自己親生的孩子都會怕。

一個月後，我接到她前夫的留言：「喬，泰芮走了，是自殺。請馬上打過來，拜託妳，盡快回電。」

直到現在，連聽到這通訊息時所站的位置，我都記憶猶新。我搖搖頭，重新撥放一次訊息，我走出去，再重播一次訊息。我腦中一次又一次聽到這個訊息，我吶喊著：「什麼？眞的嗎？是眞的嗎？」

我回電給邁克之後立刻趕往以前住的社區，那裡保留許多美好的回憶。我停在泰芮家門口，眼熟的危機處理車、調查員和警察都到場了。

邁克衝向我，我們抱頭痛哭。

我們在寒冷的沙漠空氣中等到午夜之後，因爲毫無準備，所以穿得不夠暖和，所有人失魂落魄，一切就像一場噩夢。

泰芮有三個孩子，分別是十二、十三和十八歲，長女名叫默琳。她們母親的死訊由我通知，我們的心一起碎成一片。

我去默琳的朋友家接她，把她載到媽媽剛往生的地點，也就是她們家，回家的那十六公里路萬分煎熬，默琳帶著滿心疑惑，不停顫抖，她問我：「喬喬，我想見她，拜託，我可以見她嗎？」

「親愛的，妳確定妳要這麼做嗎？」

她心意堅決。

我們在外面等了好幾個小時，直到他們把泰芮推出來，身上蓋著厚厚的毛毯。默琳輕輕把她的頭靠在泰芮胸口，我抱著她，讓她哭。面對創傷時，往往很難覺察時間的流逝，我們也不曉得自己到底在那裡站了多久跟泰芮道別，我沒有催促默琳，或著建議她該怎麼做。

但是當她準備好的時候，她做了一個深呼吸，慢慢抬起頭來，心不甘情不願的把頭靠在我的胸口，當他們把泰芮推上車時，她發出一聲嗚咽。她看著我，然後說：

「我好痛喔！喬喬！我的心好痛！」

「乖，親愛的默琳。」我說，「乖……。」我的心也在痛。

雖然默琳在母親過世的時候還年輕，但是她的心已經有足夠的智慧幫她確認這份痛苦也是在宣告對母親的愛。

那晚，屋裡的所有人夜不成眠。

※ ※ ※ ※ ※

沒有愛，我們就不會經驗悲慟，我們也不可能只經歷愛而不體會悲慟。

當我們對悲慟敞開自己的心，我們的心會打開，隨著時間過去，悲慟與愛之間的界線會消融。因爲悲慟和愛一樣，都與心息息相關。

悲慟在人與人之間佔有一席之地。

在家庭中、在餐桌上、度假中，在教堂的長椅上，甚至陽台的鞦韆椅上，悲慟都在。

悲慟佔據時間與空間，代代相傳。

悲慟和愛一樣都沒有終點。

但是在許多人心中，只歡迎愛、鼓勵愛的存在，卻出於恐懼阻止和壓抑悲慟。

15 超越時空的愛

我從沒想過悲慟和恐懼感覺這麼像。

——C．S路易斯（C.S. Lewis），英國作家、詩人

班是茉娜一歲的孩子，他突然在家中過世，毫無預警。生命要求茉娜承受難以忍受的事。

某個冬天早晨她來見我，那天鳳凰城特別冷，外面的溫度只有攝氏七度左右，但她穿著背心和短褲。

她在我辦公室放聲大哭，哭聲淒厲，發自肺腑。

她倒在地板上，我隨著她移動，也不打斷她，就這樣過了一小時。

她說：「我辦不到！我就是沒辦法！」

就這樣，她沒再出現，好一陣子都沒在我辦公室看到她的身影，她沒有回到這個讓她嚎啕大哭的地方。我們在電話上聊過幾次，但是一直到隔年五月母親節前一天，我們才又見面。

她說：「我受夠了。」人們不斷提供意見，她越聽越煩，他們不斷施壓，說出來的話千篇一律，像是：「再生個孩子吧！要相信上帝的旨意！要相信事出必有因。」有個人甚至告訴她，她應該慶幸走的不是比較年長的孩子。

這類建議根本就是在挑戰人類基本的慈悲心，試圖在又深又大的傷口上貼個無關痛癢的ＯＫ繃。怪不得茉娜感到越來越孤獨、越來越絕望。

茉娜愛她的孩子，她想著他、擔心他、跟他講話、帶他散步，為什麼她得「遺忘」這一切？她知道自己和兒子的連結既不受空間也不受時間限制。她歡迎其他人回憶她的兒子，就算別人想起她兒子的時候，她會感受深不見底的悲慟，她還是歡迎人們這麼做。

身為一個喪慟的母親可能是最艱難的角色，母親節表揚這份辛苦當之無愧。

那是頭一年，我幫茱娜一起挑選給自己的母親卡，想像是兒子會挑給她的。她請自己的父母以班的名義做慈善捐款。後來每一年的母親節，她都會提醒自己：我還是他的媽媽，跟**其他**母親一樣值得受肯定。

可惜的是，許多朋友繼續忽略她，不然就是太害怕觸動她的悲傷，所以連承認她母親的身分這麼基本的認同，都不敢表達出來。

⁂ ⁂ ⁂ ⁂ ⁂

我跟茱娜有許多同樣的經驗，有些人想安慰我們，但是因為講話沒留意，反而讓我們更難過，增加自我懷疑。幸好，我反而能在日記中提醒自己：「有時候，如實經驗當刻，是我唯一的方法。」有的時候進入悲慟、感受軟弱，或是把自己埋入痛苦的巢穴裡，反而是我能夠以其他形式繼續存在的唯一方式。

另外一個選擇是**停止**，然後成為我自己的虛空，全然空無。

在那種狀態下，空無是唯一比悲慟讓我更害怕的，因為如果我從不存在，我怎麼有能力把夏安帶到世界上來呢？

因此，與其嘗試成為或試圖去感受任何事物，我的練習會變得跟茉娜一樣，只是持續與每個發生的當下同在。

※ ※ ※ ※ ※

悲慟能讓人退避三舍。

我們能不害怕嗎？身陷悲慟當中，我們望著鏡中的倒影卻認不出鏡中人，跟以往的自己完全不同。我們變了，而且我們認不出這個改變後的陌生人。我們嚮往以前的生活、以前的自己，我們需要意義以及歸屬感，且求之若渴。

這股渴望難以阻擋。

空虛感促使我們一再嘗試填補人形大小的洞，卻總是徒勞無功。我們試圖轉移注意力，遠離自己眞正的感受，好定義這份空虛。

除了讓自己分心，唯一的選擇就是如實體驗悲慟，一次又一次去經歷那痛苦而驚惶的時刻。

16 悲慟擬人化

典型的美式作風認為療癒就是採取行動，
遇到問題就解決問題，而且要越快越好；
但是解決問題和療癒是兩回事……。
療癒並非透過行動，而是透過感受。

——艾利歐．法塔羅立（Elio Frattaroli）
美國精神科醫師、心理分析師

「我需要妳的幫助，我不知道自己還能不能活下去，拜託妳幫幫我！」答錄機上的聲音懇求著。「我先生……我先生走了。他是我靈魂的另一半，少了他我活不下去。」我們約好隔天碰面。

隔天，來電者珍妮佛依約來到辦公室。她又高又瘦、貌美驚人，一點都不難想像她曾經是好萊塢的演員。即使她心碎不已，還是豔光四射。

她跟先生共度三十載的美好人生，一直到他不幸離世。她常常哭到不能自己，瑟縮顫抖，深怕自己沒辦法、也不想要再**活下去**。

我花了好幾次諮商的時間才開始了解珍妮佛對於悲慟的掙扎和觀點。

我們不斷重複討論她對於自己眼淚的批判，她覺得流淚**不好**，不哭**才好**。有時候她能夠克服這點，有時候她甚至能整合這份理解。但是隔天或是過了幾天後，當她覺得自己的感覺又**變糟**的時候，出於困惑和絕望，她會打給我。

在我們第五次諮商的時候，我邀請她試試看所謂的「擬人化練習」——我請她塑造一個角色，就像電影劇本那樣，這個角色表現出悲慟外在的樣子和帶給他人感受。在我們再次碰面的時候，珍妮佛帶來一個頗爲驚人的故事。

⁂ ⁂ ⁂ ⁂ ⁂

她向我介紹赫爾佳，她的悲慟擬人化之後的角色。赫爾佳是個垂垂老矣的年邁猶太女人，頭髮稀疏而蒼白，牙齒剩沒幾顆、皮膚乾皺、膚色蒼白。她穿著破爛的黑色衣服，邊緣因磨損而脫線。她形容赫爾佳：年事已高、疲倦不堪，悲慟的重量把她壓得背都駝了，寸步難行。她連腳都抬不起來，走路用拖的。

赫爾佳一蹶不振。

反之，珍妮佛是一位美麗、堅強而獨立的女性，內在十分自制，但她漸漸變成赫爾佳，醜陋、虛弱、黏人而且失控。對珍妮佛來說，失去安全感、缺乏吸引力和沒有自我認同是很可怕的事。因爲這點，加上面對失去丈夫的初期悲慟，不難理解爲什麼她感覺情緒連續受挫、心力交瘁。

珍妮佛很擅長抗拒赫爾佳，但是赫爾佳也很頑強。

接下來的九個月裡，珍妮佛、赫爾佳和我在悲慟專案中一同合作。在赫爾佳剛剛出現的幾個療程，珍妮佛不願讓她參與我們的諮商。相反的，她記錄赫爾佳有多掃興，總是不請自來、動不動摔東西，還破壞珍妮佛的家。有一次，當珍妮佛在紐約市玩得正開心時，赫爾佳擅自闖入。連續好幾個禮拜，珍妮佛對於赫爾佳的打擾充滿抗拒。

她告訴我，赫爾佳住的地方非常恐怖，那裡既陰冷又潮濕。在家裡，赫爾佳常常獨自坐在椅子上，連窗簾也不拉開。

有一天我問珍妮佛，她是否能感受一下自己去拜訪赫爾佳住處的情形。「如果妳跟她約個時間，去找她喝茶呢？」珍妮佛承認自己一開始聽到這個建議的時候，簡直氣壞了，但同時，她心中也好奇會發生什麼事，所以最後她終於答應嘗試。

隔週，珍妮佛和赫爾佳一起參加諮商。

赫爾佳一語不發，她只是觀察並聆聽。珍妮佛告訴我，她的確去到赫爾佳住的地方，但是一刻都待不住，因為那裡太恐怖了。不過，在接下來半年內，她們慢慢培養感情，最後，珍妮佛說：「赫爾佳對我瞭若指掌。」

最後，她們兩個可以一起坐在赫爾佳的家裡喝茶、烤火取暖，更進一步了解彼此。當珍妮佛學會暫停與感受，並且跟赫爾佳在一起的時候，她的恐懼也慢慢消散。她開始覺得赫爾佳不再那麼具威脅性。

有一天，珍妮佛打電話給我，語帶興奮，她說：「猜猜看發生什麼事？赫爾佳改頭換面了！」

赫爾佳突然站得直、變得高，而且還開始長頭髮，新生的頭髮漸漸蓋過灰髮，她不但換上新衣服，甚至跑去做臉。當珍妮佛越來越不怕赫爾佳、也不抗拒她的時候，赫爾佳逐漸轉變成珍妮佛悲慟的化身，像個老朋友一樣。

珍妮佛在赫爾佳準備好接受改變的時候伸出援手。但是首先，珍妮佛要學習接受赫爾佳本來的樣子，因爲赫爾佳代表的不只是一份悲慟，赫爾佳也代表她對先生的愛。

17 暫停下來，感受悲慟

覺醒不是為了一己而追求快樂，
而且是為了所有存在生命的利益，
這是一種由內向外的革新姿態。

——諾亞．列文（Noah Levine），美國禪師、心理諮商師

我和三個孩子站在迪士尼樂園裡、愛麗絲夢遊仙境設施的入口前，那兒有個牌子寫著「年滿三歲方能入場」。

如果夏安還在，這個夏天就滿三歲了。

我的心一沉，肚子裡面沉重的感覺讓我反胃。恐懼讓我渾身動彈不得。老二卡麥隆看到我的臉色，問我：「媽咪，妳還好嗎？」

一開始我連他的聲音都沒聽到。

我只是一直盯著那個牌子。

心思帶我經歷各種念頭，事情應該會是怎麼樣、本來會是怎麼樣、可能會是怎麼樣——**她本來應該在這裡的**。如果她在這裡，我們會玩得很開心，如果我當時能救她就好了。

卡麥隆又問了一次，他的問題把我帶回現實。

「沒事，沒事。」我嘟囔著說：「我只是……，呃……，我只是想念你妹妹。如果她還在，她就可以跟你們一起玩這個了。」眼淚從我的眼眶掉下來。

三個孩子都看著我，我向他們道歉。

當然他們都對我很好，也很愛我。自從夏安死後，我們一家人對彼此總是開誠布公。對他們和我來說，這是悲慟教會我們的另一課：悲慟如影隨形。

夏安不在了，我每天都想她，在家也想、出門也想。然後我發現自己這輩子都會繼續想她，用不同的方式思念她，在很多情況之下都會想到她。

我問孩子，我們能不能稍微坐一下，他們答應了。

在那個晴朗的加州夏日，他們包容我落下的眼淚。我讓自己處在那份悲慟的痛苦中，那時候我眞的好希望看到這個三歲的小女孩有機會和她的哥哥姐姐搭乘園內的遊樂設施。

我注意自己的感受，當這份感受開始有種輕輕上揚的感覺，表示我準備好了，那時我問他們：「好啦！大家都準備好了嗎？」

他們彼此互看，然後看著我。我帶著紅紅的眼眶和鼻頭，對他們微笑。我的長子阿瑞說：「媽媽，我們不去也沒關係。」

但是在那一刻，我眞的已經準備好可以帶他們去玩。

所以我帶他們去了，我們笑得很開懷，在開懷之中我還是感覺到她的缺席，還有她人生所錯過的。

當天稍晚，我去迪士尼的售票處匿名購買一張孩童通行證給其他人的小孩。我這麼做不是爲了減輕自己的悲慟，而是想把對夏安的愛貢獻給這個世界，分享給另一個孩子。

唯有眞正與悲慟共處之後，我才有辦法這麼做。

※ ※ ※ ※ ※

我們暫停一下，與悲慟共處，對抗這個不計一切代價追求快樂的文化，重新宣告我們應有的感受。

我們學習隨順，不去調服、扭轉或取代自己的感受。

當社會其他的力量試圖消除、超越或征服悲慟時，採取上述做法不但與文化反其道而行，甚至史無前例。同時，我們放棄追求快樂的想法，我們不認爲快樂是種保證及每個人都應該擁有快樂，也不認爲試圖保持在快樂狀態是生命最重要的目的。

一旦我們從如地震災難般的失落狀態生還時，暫停一下，與悲慟共處的畫面會是什麼樣子？

這場革命的基本原則就是培養自我覺察、情緒透明度以及對自我慈悲。

這麼做痛不痛？當然，痛到言語無法形容。

但是我們慢慢學會與自己的痛苦共處。

我們學到，逃避並非幫我們撐下去的方法。

用這種方式理解悲慟最讓人釋懷之處，就是——每個人的悲慟都是獨一無二的（如同指紋一樣），每個人**經歷悲慟**的過程都不會相同。

與悲慟相關的情緒種類繁多，並非只有難過和絕望。舉例來說，我們可能會覺察到孤獨的感受，與其否認、壓抑或用其他事物轉移自己的注意力，我們可以因爲**看見**這份悲慟而暫停，並且置身其中。

看見悲慟，即使處於痛苦和不自在當中，我們仍舊覺醒並且保有自我覺察。

當我們注視這份情緒，可能會注意到它開始轉變，不是加強，就是減弱。我們注意到這份改變，然後繼續駐足於此。

當我們安住在這份感受當中，可能會注意到自己的抗拒開始鬆懈，這時我們就可以帶著正念，選擇做出不同的處理，譬如找一個信得過的朋友聊聊、和心愛的寵物玩耍或是出去散散步。不論我們決定對內在孤單的感受做出什麼樣的回應，都是出於有意識的選擇，而非不加思索的衝動。

完全棲身在痛苦的感覺當中，幫助我們適應以及安頓這些感受。這些感受會變得越來越熟悉，就算沒有緩和的跡象，也會降低其對我們的影響力。

悲慟就像孩提時期衣櫃中的怪獸：如果我鼓起勇氣下床把燈打開，就會了解這隻怪獸並沒有那麼恐怖，甚至可能跟想像中的不一樣。當我查看牠藏匿的地方之後，我爬回床上並且在黑暗中跟牠四目相對。這個過程重複幾次之後，我甚至能學會信任牠。

我開始學會這頭怪獸並非身外之物。

牠是我的一部份，我心裡的一部份。

我們越練習與那些排山倒海而來的情緒共處，就越能信任自己全然處在悲慟中的能力。我們越能置身於悲慟之中，在這樣的情緒裡面越自若，就越能任由這些情緒穿越我們。這個循環會加深自我尊重、自我信任、對自我慈悲，以及接納我們眞實的情緒。

選擇以此道生活，就是接受嚴格考驗。因爲不論悲慟以什麼形式、在什麼時刻出現，我們都得保留空間面對它。

18 練習與悲慟共存

療癒痛苦的方式就是置身其中。

——魯米，伊斯蘭教蘇菲派神秘主義詩人

悲慟且來且走，當我們允許情緒維持原貌，不趕它走也不用另一個裝出來的情緒替代時，就可以用其他有創意和健康的方法表達這股情緒。也許我們可以透過反思沉澱的練習，像是正念步行、正念交談、靜心冥想、禱告、閱讀、園藝、瑜伽、健行、縫紉、編織或是動手蓋東西，去大自然走走或從事藝術創作。藝術創作就是恨不得把這些無法言喻的東西都透過音樂、素描、雕塑、詩歌、繪畫、舞蹈、說故事、吟唱、打鼓或是儀式與符號表達出來。

以我個人來說，我從凝視大自然的元素之中獲益良多，不管是注視雲朵、看著風吹動葉片、升起營火或看著火焰舞動、觀察泉水或溪流的流動、專注於一小塊土壤，同時想到，因爲這些東西很難覺察，如果我沒有這樣觀察，就看不到這些微小的移動。

寫一本以情緒爲主的日記。這本日記要寫的不是我們當天做了什麼，而是我們當天感受到什麼。我用這個工具如實讓心往內看著悲慟。我知道有位女士蒐集石頭，每一個石頭都提醒她某一天特定的心情。有時候，她會把石頭帶回家，在其中一面畫上代表她感受的顏色。另一個人收集蜻蜓圖騰，這是保護她情緒的護身符，代表她和過世的兒子之間不滅的連結。這些實際物品的意義就是幫助我們向外展現所體會到的悲慟核心。

「不去控制哀悼情緒」是重要的練習，有時刻意規劃，有時隨興而發。

⁂ ⁂ ⁂ ⁂ ⁂

妲頓是一個十幾歲的女孩，在她剛進高中時，母親就因癌症過世。每當她想親近母親的時候，她就會帶著一盒精心挑選的家族照片，播放媽媽生前和她一起選出的最喜歡的歌單。她知道做這些事情會讓她進入深深的哀傷且放聲大哭，但是她歡迎這份感受，因爲在這些時刻她能感覺到自己和媽媽的親暱，就像媽媽坐在身邊安慰她一樣。妲頓直覺地了解「憶念」媽媽能帶出她所謂的「理所當然應該掉下且具有淨化功能的眼淚」。

在生物化學層面，哭泣確實可能有調節壓力的功能。因爲感受而掉下的眼淚不同於其他的眼淚，這並非雙眼受到刺激所分泌出來稀釋或沖洗髒污的淚水，也不是增加眨眼次數或幫助移除眼中異物的滋潤淚液。科學家發現感受的眼淚多出了百分之二十四的蛋白質濃度，裡面還包含腎上腺皮質荷爾蒙。在壓力之下，腎上腺素會啓動並產生及釋放大量蛋白質，還有釋放幫助調節壓力的荷爾蒙。或許這就是爲什麼年幼的孩子經常自然哭泣，因爲在他們覺得沮喪或遇到挑戰的時候，哭泣幫助他們更容易應付狀況。

或許這也是爲何（像所有人一樣），當妲頓經過回憶而盡情哭泣之後會感覺比較冷靜，而且有「清理」的感覺。

19 我心哭泣，淚如海

神聖之處依舊神聖，
我們的愛不因失去或痛苦而減少。
死亡只是暫時打斷我們的愛，
相信只要世界還在，
我們一定會再度相逢。

——南希．伍德（Nancy Wood），美國作家

當時大約凌晨三點，我接到一封絕望的電子郵件，發信者是一位皮馬族❶的女士，她兒子最近慘遭殺害。一開始我們透過電子郵件往返，直到我們真正見面的幾星期前，都持續透過這樣的方式溝通。

在那段時間最後的通信中，她寫道：

即使永遠跟他在一起也不夠——我對我兒子的感覺就是如此，他在我身邊的時間永遠不嫌多。好像每一天都有更多回憶湧上我的腦海。早晨的冷風讓我想起早上起床時有他在身邊的感覺，如此靠近。我會起床到廚房去做法式吐司，這是他的最愛，然後我會聽到他下樓的聲音，因爲他還穿著睡衣，所以會拖著腳走在地板上。

我今天去找巫師（Powwow），如果他還在，他一定會跟我一起去。我們以前常常一起去找不同的巫師，去亞利桑那、北達科塔、新墨西哥和加州。他很愛跳舞，我們的方式是讓孩子經驗最有力量、最正面的工具，

譯註：

❶ Pima，美國亞利桑那州和墨西哥北部的原住民。

也就是鼓。他也愛極了他的族人。如今我常常掙扎，因爲我經常向家人尋求力量；但是現在，我想他們因爲自己的悲慟產生羞愧感而逃避，也難以接受雅各的遭遇。這個情況讓我的心好痛，看到他們發生這樣的情況，雖然不及雅各的死這麼讓我心痛，我還是覺得很難受。我的靈魂破碎了、心破碎了，這一刻好難承受。

我要告訴妳，妳爲我做的一切很有幫助，妳在我經歷最深刻的情緒時感動了我，謝謝妳。

一週後，她來參加我主持的互助團體，我們終於見面。我知道她悲慟不已，所以刻意坐在她附近。因爲她還在尋找安全感受悲慟的方法，所以我們仍舊保持每天通信。她寫道：「我拚命掙扎，我這麼對妳說是因爲我覺得可以信任妳。」我請她跟我描述原住民的下葬傳統，也是她想和兒子道別的方法。很可惜，因爲兒子死於凶殺，就算她想好好以傳統方式安葬兒子也無能爲力。

幾週後她寫了下面這封信給兒子，作爲接觸悲慟練習的一部份：

讓我這麼說吧！大家都叫我娜區（Nowch）。我是原住民，我有兩個靈魂，我的心不斷掉下眼淚。在母語中，我的名字代表「摯愛的朋友」。我的阿姨和父親以傳統方式教導我。我的兒子、我的寶貝，珍貴的雅各，多希望我能夠好好處理你的後事。好希望我能安葬你、讓你的靈魂飛翔，不再受苦、從恐懼中解脫。多希望能抱著你、替你擦眼淚，告訴你我有多愛你。好希望你知道我無時無刻都在想你，我永遠不會讓世界遺忘你。

最後她寫信給我的時候，終於能跟我分享他們原住民的傳統葬禮：

原本下葬的過程應該如此——

我會陪著雅各，把他帶到長老那裡去。他們會教我怎麼清洗孩子的身體，透過清洗，確保他的靈魂得到安寧與自由，這樣一來當他繼續往後的旅程時，靈魂會受到保佑。

我會待在雅各身邊，直到太陽升起。我會用下葬的毛毯裹住他，族裡的聖人會來祝福他，並用煙熏他和我的身體。我無比珍貴的寶貝，我好渴望再看到你的笑容、聽到你的笑聲，渴望你用雙手環抱著我的脖子，我能感覺到你的心跳。

我們的葬禮很簡單……土葬。因爲我們都從土中而來，也該回到土裡去。沒有墓碑。吟唱傳統歌謠向你的生命致敬。我可以聽著鼓聲、感受節拍，在心中聽到禮敬你生命的歌詞，那深深烙印在我心裡。

但是我剛剛講的這些都不會發生……，這就是爲什麼我如此心煩意亂的原因……。

因此我需要找到自己的方式來跟發生的事情和解，這看來機會渺茫，今天尤其困難。今天我流下了好多、好多眼淚。我好難過，也不曉得自己會變成什麼樣子，我懷疑失去摯愛的孩子，我還能不能活下去……

大家都叫我娜區．哈喜可（Nowch Hasik）。我是原住民，我有雙重靈魂，而且我心碎了。

⁂ ⁂ ⁂ ⁂ ⁂

面對這個無解的問題，我並沒有試圖提供解決方法，也沒有嘗試療癒她或改變她。

娜區和我就這樣持續諮商多年，直到如今。在比較激進的傳統方式中，真正慣例是用儀式、閉關和說故事的方式與悲慟情緒共處，這些都是很有力量的做法。根據她的原住民傳統，娜區能自行悼念的方式是在空的瓜殼上雕刻、製作靈魂木，還有寫下痛心疾首的詩篇，用此與悲慟相處，及召喚兒子的靈魂。

這是她寫給雅各的一首詩：

製作

當我雙手圍住纏繞在木頭上的皮革時，
我想起你的手在我的手裡……手指盤繞……
你知道嗎？如果能夠接住你，就算得跳到另一邊去，我都願意。
我高舉雙手，朝向四方，
我凝視的這些雲朵……吹拂我皮膚的風……
一定是你……
你知道嗎？如果能夠接住你，就算得跳到另一邊去，我都願意。

我在淙淙流過的水聲中聽到你……
在照耀雙眼的太陽之中見到你……
一切事物中的美讓我雙膝下跪……
你知道嗎？如果能夠接住你，就算得跳到另一邊去，我都願意。
月亮為你而閃耀，星辰照耀夜空……
我把四方的你收進我的靈魂……
你知道嗎？如果能夠接住你，就算得跳到另一邊去，我都願意。

大約三年前，娜區給我一枝靈魂木，這是她在雅各墓園旁邊的河流撿來的木頭。雅各下葬當天，她埋入一枝靈魂木，並在他過世一周年的時候取出。她給我的靈魂木上綁著繩子以代表四個方位，同時串著象徵性的珠子。我很榮幸擺出此物，好讓自己跟她一起紀念雅各。

20 赤腳走路

尖銳的刀似乎割傷了她細緻的腳，
但是她幾乎沒感覺，
因為真正深刻的是她心裡的痛。

——安徒生（Hans Christian Andersen），丹麥作家、詩人

當我想和悲慟共處時，我會獨自安靜的打著赤腳去山上健行——這是二〇〇七年我在瑟多納家中附近的釀酒步道健行時發現的練習。那個禮拜我壓力很大，感覺在失控邊緣，心靜不下來。

前一天，我和八個有孩子過世的家庭聯繫。那些悲慟在我的體內竄動，呼之欲出，我感覺到自己內心的絕望，因爲我懂他們經歷的苦痛，這種苦沒有解藥能醫、沒

有詩歌能傳達，也沒有我可以提供的療法，所以我知道自己得接觸大自然。

大自然的魔力總是讓我心生敬畏。

但是那天因爲腦中一些瑣事讓我分心，使我無法與那些家庭共同感受悲慟，那股分心的力量過於強大，連我和自己感受之間的連結都被切斷。因爲缺乏連結，我感受不到前天碰面的這些家屬難過的情緒，我也錯過鳥鳴。我錯過雲朵和升起的太陽，也錯過熊果樹和長在樹形仙人掌枝幹中的小雛菊。

當時我整個人心不在焉，等到我發現的時候，我已經走了三公里長的步道，卻絲毫不記得自己到達的過程。我不喜歡心不在焉的狀態，也不想魂不守舍地過日子。所以回程時，我決定效法十五世紀赤腳迦密會（Carmelites）的修行人，光腳走回程步道。

我每個月都會做這個練習，這個練習教會我：即使當下的感覺非常難受，也要如實體會。

這個練習教會我感恩冰涼又光滑的石頭。

這個練習教會我，只要專心就可以避開仙人掌的刺，還有腳趾中間卡了石頭會痛。

這個練習讓我知道，雖然不見得每次都能看到下一個轉角的狀況，但在這條路上我可以相信自己。

我學會有時候可以相信那些在我意料之外的事物，但仍得小心無預警的事物，就像我多次經過、卻從沒注意的高大圓柏松。

這個練習也教我，我沒辦法靠自己乘涼，只有其他事物才能爲我遮蔭。

我的赤腳練習充滿豐富的譬喻，對我來說，這是很深刻的媒介。因爲這個練習不見得適合每個人，所以我的很多個案會把這個練習轉變爲其他形式，整合到他們自己的練習中。

對我來說，赤腳走路是和悲慟共處的方法之一。

21 自我關懷的重要性

當愛成為永恆的思念就叫做悲慟，
這是無法用幾小時、幾天或幾分鐘來衡量的。
——羅莎蒙德．勒普頓（Rosamund Lupton），英國小說家

不論我們走到悲慟旅程的哪一段，**暫停**讓我們觸及自我。
這時我們注意力的焦點是往內的。悲慟，尤其是創傷性的悲慟，是自我的傷口。
當我們嚴重受傷的時候，爲了活下去，必然得把注意力放在受傷的地方。
幾年前我遇到一位名叫約翰的年輕父親，在一場意外中，他失去兒子。當兒子在美國過世的時候，約翰正在海外作戰。想像一下，當他在離家幾千公里之外的異地接獲兒子死訊時，心情多麼無助。約翰描述回到美國本土的整個過程，從接到文字訊

息、電話到搭上飛機，一切如夢似幻，很不眞實。

前幾個月約翰的心思都放在妻子身上，當其他人帶著慈悲心關心他時，他一概拒絕。但是，由於疏於照料自己的悲慟情緒，他開始酗酒，不但丟了工作，還差點賠上婚姻。

出於對自己婚姻狀況的擔憂，他來找我。

當我們聊到他兒子的死亡時，他向我坦承由於太害怕經歷事發初期的痛苦，自從兒子過世後，他沉溺於杯中物，還發展婚外情。

當我們聊到悲慟初期的創傷，並稱之爲**傷口**時，因爲約翰本身從軍的關係，這個概念對他並不陌生。舉例來說，如果我在戰場上觸發簡易爆炸裝置（IED）而失去雙腿或雙手時，一**定得**把心思放在自己身上——對，他懂！他知道關注自我是光榮並且恰當的。所以悲慟時，他必須當仁不讓地照料自己的傷口；最終，當我們能妥善照顧自己時，才知道如何照顧他人。在強烈的悲慟中，不但不能稱自我關懷爲自私行爲，反而該說是勇敢之舉。

這就是心得以向內之處。

⁂ ⁂ ⁂ ⁂ ⁂

在心往內之處，以自己爲中心提供自我關懷，並不代表我們要一直停留在那個地方，因爲那裡也會改變的。我們會往前，隨著時光流逝在自我和他人之間擺盪，貼近或遠離自己的內心。

對悲慟者來說，這代表什麼意義呢？有的時候我們會遇到一些狀況，我稱之爲**與悲慟重逢**的日子。在這些日子裡，我們會深切經歷悲慟情緒，這些情緒可能在好幾個月、好幾年，甚至十幾年之後還會不斷浮現，只要遇到特別的日子或節日就有情緒，甚至有時候是毫無原因或理由的突然發生。在與悲慟重逢的日子裡，悲慟重新浮上檯面，我們可能會覺得比平常愛哭、心軟或脆弱。

當我們注意悲慟再次到來時，可以讓心往內看，專注於那個當下，事實上，這麼做非常重要，因爲當我們這麼做的時候，便可以提醒自己自我關懷的重要性。

對於正在經歷悲慟情緒的人來說，自我關懷非常關鍵。

這麼做的重要性無庸置疑。

若我們失去與內心情感世界的連結，也會切斷與身體的連結，反之亦然。情感並不只是心中的感受而已，情感影響身體的感受、心理的認知、社交活動、存在的意義，甚至是我們如何感覺自己的感受。

某些我諮商的對象擔心自我關懷轉變爲自怨自艾。爲了賦予這個觀點一個新的意義，容我用重感冒來舉例。如果我病得很重，我會上床休息，不把力氣花在其他地方，多喝印地安草本茶來強化我的免疫系統；我也會放下窗簾、蓋上棉被，給予自己足夠的療癒時間。

其他人也要給我時間，他們不能期待我照常分擔家務，甚至在家裡走路的時候要放輕腳步，不能打擾我休息。爲了幫助我復元，他們也要付出，大家分工合作。

自我關懷並不是自私的行爲，而是一種對自己和他人的寬厚。

22 自我關懷與睡眠

當你孤單一人或身處於黑暗之中時，
真希望我能讓你看到你的自我閃現出的耀眼光芒

——哈菲茲（Hafiz），波斯抒情詩人

我們許多人都沒辦法允許自己關愛和照顧自己。一位悲慟的母親是這麼形容的：「我不認為愛自己有價值。我深受罪惡感所苦，這份罪惡感影響我對自己的看法。我的孩子都死了，我有什麼資格對自己慈悲？」

另一位接受我諮商的女士，她的先生遭到凶殺，她告訴我，因為失去生命中所愛之人，她認為自己不值得被愛，也不願關愛自己，所以她不允許自己再次感受生命中的愛。悲慟療癒要做的其中一步就是保持覺察，我們要覺察自己描述的故事，依我們可以做到的程度，慢慢學習主動照顧自己，不管多微小的事都沒關係。

自我關懷的方法有很多種，像是：好好吃飯、給人按摩、運動、獨處、和疼愛我們的人在一起，還有睡飽。

睡眠對我們的身心安適非常重要。當我們睡不好的時候，脾氣和耐心都變得很差，不但壓力大、容易餓，也容易疲勞。想一想，睡不夠的話，認知能力、解決問題的能力、記憶力，甚至連平衡感都變得很差。

當然光靠良好的睡眠品質無法減輕悲慟（我們也不希望是靠這種方法！），但是睡得好至少能幫助我們應付情緒的高低起伏。

在我與金第一次會面的八個月前，她的女兒凱西過世了。

凱西是個活潑的年輕女子，結婚剛滿一年，而且很期待成立自己的家庭。她死於一場一般的手術過程中，離世的時候年方二十七歲。

就像大多數的人一樣，金極欲擺脫悲慟。但是她也想要感受凱西美好的存在和她們母女之間的愛，但是當她試著接觸這些被她歸類爲「好的」感受的時候，那些被她歸類爲「壞的」感受卻會佔據她的心頭。

所以她讓自己埋首於工作和活動之中。她試過快樂僻靜、冥想僻靜以及女性力量僻靜。她試過每一種分支、宗派及教派的教堂，她也嘗試各式各樣創傷性悲慟療法，其目的很明顯是避開悲慟。透過這一連串的嘗試，她的情形每況愈下。

悲慟持續存在，在許多奇怪的時間點，這些悲慟情緒反覆以不同形式浮上檯面，往往令她措手不及。金的睡眠受到很大的影響。即使身邊仍有能慈悲傾聽的朋友，她也不再訴說。她用酒精自我治療，但這麼做讓她難以勝任自己的工作。她變瘦且開始被孤獨的感覺壓得喘不過氣來。

在我們第一次會面時，她的重點是如何終結這份悲慟。我問她：「可以談談這份感覺嗎？當妳拚命想要讓一種感覺或一件事情結束，但就是結束不了，妳的感覺是什麼？」

「我的心思完全沒辦法放在其他事情上，這份情緒在嘲笑我。」她說，「悲慟嘲笑我。」

在接下來的幾個禮拜裡，我們一同慢慢的允許「壞的」情緒以本來的面貌呈現，同時不執著於「好的」情緒。她開始注意到她越逃避與悲慟共存，悲慟就越肆無忌憚地嘲弄她。她也注意到，當她覺得越難以忍受悲慟，她和女兒之間的聯繫就變得越淡。金這才發現自己拋棄內心深處的智慧，直覺要她回憶凱西的方法就是不論好壞、**欣然全盤接受**（in toto）。這對金來說表示她必須包容所有的感覺和回憶，無須刻意只喚起「好的」，或是用力推開所有「壞的」。

慢慢地，當我們開始一同學習暫停、與悲慟共處時，金漸漸開始能夠聆聽她內心的智慧。我們一同針對她個人的需求，培養自我關懷的練習，這麼做讓金感受到轉化和解脫。

一旦她能夠專注並且如實體會自身的感受，以及關注自己整體的需求時，對她來說，自我關懷就變得越來越自然。她說這段經驗雖然痛苦，但是對她的生命有所提升。

在接下來幾個月內，我們一起讓她和悲慟情緒共處，練習自我關懷。我們共同擬訂下列計畫：

1. 每天晚上睡七到八個小時，最好能夠在晚上十點時已熟睡。
2. 下午三點之後限制攝取咖啡因、尼古丁及其他刺激物。
3. 晚上不看電視，以閱讀好書取代。
4. 禁酒，若非喝不可，避免睡前飲酒。
5. 晚上七點之後避免吃大餐。
6. 白天運動，不睡午覺。
7. 白天充分曬太陽（二十分鐘）。

8. 晚上做舒緩瑜伽，幫忙放鬆。
9. 藉由晚上泡澡的時間做水中冥想。
10. 針灸。
11. 在完全黑暗的環境中入睡，避免開燈、開著電視或收音機入睡。
12. 如果晚上必須去洗手間，盡量不要開大燈，用手電筒就好，減少接觸光源。
13. 購買一台除噪助眠機。

※ ※ ※ ※ ※

不到兩週，這個簡單的清單幫助金從輾轉難眠、睡眠品質低落、一天只能睡三至四個小時的狀況，進步到一個晚上能夠連續睡六至七個小時。她不只比較能夠應付情緒的起伏、記憶力也比較清晰，她還發現自己比較沒那麼散漫或情緒化。

她也開始適量安排運動，包括去大自然走走。她注意到自己常常在健行的時候哭泣，因爲在這些時刻裡，女兒已經不在身邊的感受特別強烈，但是她學會相信自己，讓自己和那些感受在一起，即使當這些情緒升起時會讓她動彈不得。她甚至開始吃有機種植的蔬菜，這些蔬菜都來自於她那名爲「凱西之地」的新菜園。

金照顧自己的新方式，就是付出時間與女兒凱西相處。透過這個方法，她能夠以更深刻的方式連結凱西帶給她生命的影響。

23 關愛自己的方法

擁抱痛苦幫我們成就更深的同理心，
有能力體會其他人所受的苦，
即是實際之慈悲與愛的基礎。

——史蒂芬．拜裘樂（Steven Batchelor），英國作家、禪師

當夏安走的時候，我連照顧自己的身體都感覺很吃力。

我自七歲就開始吃素，而且一向非常注重要吃得「乾淨」，對我來說，吃得乾淨等於健康。雖然我不至於回頭吃葷，但我發現自己什麼都吃不下，就算吃了，也吃得不健康。我的體重掉到剩下不到四十公斤。

我開始寫下自己的感受。因為書寫，我發現自己是透過對身體的恨意來表達情感

的傷痛，這份傷痛來自於我對夏安過世所懷有的罪惡感。

一旦我意識到這一點，我便開始注視著這些恨意而不加批判。我把自己的身體形容成乘載夏安的容器，並且詢問自己願不願意更善待這個容器，接著寫下一份清單，在之中整合與悲慟共處以及自我關懷的練習。這個方法讓我承認自己情緒的珍貴之處，我將這個練習命名爲**成爲自己的英雄**。

以下是我給自己的鼓勵：

親愛的喬安：

記得，

想哭的時候，就好好哭。

多喝水。

跟慈悲的他人連結。

接受情緒、擁抱情緒，但是不執著於情緒，

就連好情緒都不要執著。

每天接觸陽光。

學習愛上孤獨。

一有機會就爲他人服務。

每天晚上睡七小時。

吃淨食。

玩瘋一點（踩進泥巴、赤腳走路、流汗）。

回憶已逝的珍貴者。

滿懷感恩，但是毋須刻意。

留意自然。

嘗試新事物。

祈禱或者／並且冥想。

找到對你有特殊意義的歌曲。

每當有人改變妳的生命，告訴他們，讓他們知道。

搭起人與人之間的橋樑。

暫時遠離各種媒體。

招待自己享受舒服的一天。

拯救一隻動物。

以匿名方式爲陌生人買一杯咖啡、茶或一頓午餐。

重新來過。

帶著愛嘗試。

寄件人：自己

※※※※※

某些我諮商的個案列出他們自己的自我關懷清單，以作為自我關懷的方式。

一位女性的丈夫不幸遭殺害，她創造的自我關懷清單是針對空檔時間去安排。她身為一個企業的總裁，每週工作時數偏高，似乎對她自我關懷的時間安排造成很大的阻礙。因此她的自我關懷清單包括幾分鐘就可以完成的事情，例如：伸展、看雲、塗鴉、讀一首詩、寫下感謝紙條和只是坐著。如果她有五到十分鐘的時間，她會在辦公室內聽聽音樂、跳跳舞，哭或笑、唱唱歌、簡單散步、寫俳句、泡一杯特別的茶、寫日記、冥想或祈禱、打掃空間、著色，或是拍一張捕捉她感覺的照片。如果她有半小時，她就可以祈禱、冥想、運動或做瑜伽，和別人喝茶談心、開始看一本新書、到大自然走走、為他人付出、整理抽屜、創作或是寄一封充滿愛的信給家人。

一位悲慟的父親及丈夫發起一日一誓的練習，然後逐月修改（請特別注意他那正值青春期的兒子是六月過世的）：

一月：我發誓每天學一樣新事物。

二月：我發誓每天做一件喜歡的事。

三月：我發誓每天多花一點時間在户外。

四月：我發誓每天更敞開心房表達我的愛。

五月：我發誓每天打電話給一個朋友。

六月：我發誓每天哭泣，然後微笑。

七月：我發誓每天九點上床睡覺。

八月：我發誓每天閱讀。

九月：我發誓每天多喝水。

十月：我發誓每天多吃一點沙拉。

十一月：我發誓每天都要感謝即將吃下的食物。

十二月：我發誓每天都要爲他人做一件好事。

另外一個創造個人專屬的練習方法是將自我關懷的方式分類。我建議下列幾個大項：自我表達、自我覺察、與自己連結和與他人連結、身體層面與善意。

「自我表達」與我們表露情感的方式有關；「自我覺察」則跟我們開始注意、留心、深度傾聽所有面向的自我有關。

「與自己連結和與他人連結」關乎我們和他人、動物、自然、世界還有自己相處的方式。

「身體層面」談的是照顧自己的身體健康，包括睡眠、營養、運動、舞蹈，甚至等我們哪天準備好時，可以玩耍。

「善意」是把愛帶給他人。但如果我們沒有讓愛回到自己身上，是不可能把愛帶給他人的，這兩者相輔相成，透過愛自己進而能關愛他人，也是照顧自心的美好方式。

24 向家人與朋友表達我們的需求

她有因應悲傷的天賦，完全讓自己沉浸其中，把悲慟分成好幾個部份，欣賞那微妙的差異。她就像一個稜鏡，透過她，悲慟可以分割為無盡的光譜。

——強納森．薩弗蘭．佛爾（Jonathan Safran Foer），美國小說家

無疑地，對很多人來說，悲慟、孤立和孤單的感受在幾個特定的場合中會被放大，像是產前派對、畢業典禮、婚禮或是過節。

有一位我所協助的悲慟母親無法忍受產前派對，即使她的新生兒已經過世多年，她還是難以接受。以下是她的描述：「因爲想增進家人情感，我嘗試參加姐姐的產前派對……。但是我發現我想著自己的兒子，如果他人在這裡會是什麼情況，想像他已

經在學走路的樣子，我是如此孤單而空虛……，只好哭著離開。我覺得大家好像一眼就看穿我，而且好像覺得我會讓新手媽媽**觸楣頭**……。眞的很難以接受這種感覺。」因此對她來說，直到確認自己身心準備好之前都不出席產前派對，就是一種合理關愛自己的方式。

自我關懷代表必要時候必須開口**拒絕**。當我們正處於悲慟當中，我們必須允許自己暫時以自身的需求爲優先考量。

這麼做不但沒問題，甚至有必要。我們可以拒絕參加活動、減少慶祝假期甚至是例行性的布置；而如果家中有孩童成員，他們也正在經歷悲慟，請求幫助也是合情合理的。通常在特定場合下，壓力會增加，這樣一來我們自然無法全力照顧自己。覺察到在某些狀況下，我們可能傾向忽略自我的需求，能夠提高我們對自己情況的警覺性。以下是我們能爲自己做的事情，這些事看似簡單，其實困難：吃營養的食物、多喝水、睡眠充足以及妥善規劃休息時間，完全斷絕酒精、咖啡因及使用其他藥物，如果沒辦法，起碼做到嚴格限制服用量。

練習的其中一部份，就是創造一份自我關懷的「願望清單」。我們得花時間好好想一想，對我們來說，哪些做法較爲合適，然後在這些敏感的時間點把這份清單分享出去。

梅樂蒂在聖誕節失去了她的寶寶崔斯坦。隔年我們碰面時正值崔斯坦生日前一週，也就是十二月二十日。當整個世界都帶著愉悅的心情、擺上麋鹿飾品慶祝時，她悲慟萬分，因爲這本該是寶寶第一次過生日的時刻。

通常他人接近我們的時候，恐懼會跳出來礙事，這麼一來不啻爲痛苦的感覺雪上加霜。現在既然知道這一點，我們就能一起創造屬於她要和家人分享的清單。

梅樂蒂的聖誕節願望清單

1. 我希望能公開及坦誠地分享我的心聲，幫助你們了解我此刻的感受。這個感受每一天、每一季都在改變。因此，當我們相見時，請邀我和你們分享我此刻的感受。如果你不是很確定：「我到底該不該提起崔斯坦的事？」不妨直接問我今天需要的是什麼。

2. 儀式對我的幫助很大，尤其是新的儀式。幫我們增加一些新的儀式。有幾個提議，舉例來說，像是節日用餐前點個蠟燭並一起保持片刻的靜默、以寶寶的名義捐款給你最喜歡的慈善機構、在餐桌上幫他擺一付餐具及爲他保留一個空位、以家庭爲單位做義工紀念他、以他的名義捐贈禮物給某個小朋友。

3. 提議陪我一起參加互助會。當我在社群媒體上發照片時，留言給我，這麼做不會讓我感覺更糟糕，我已經夠難受了，但是看到留言就知道，至少有你在我身邊一同分擔這份憂傷，這麼做對我有幫助。

4. 跟我去大自然走走。我們可以散散步、健行或只是坐在野外，好好聊聊。請不要害怕提起他的名字。

5. 如果我想獨處，請不要給我任何必須參加家庭活動的壓力。有時候我就是需要一個人。如果你覺得我看起來想獨處，但是又不確定，儘管開口問。

6. 在適當的時機幫助我改變我們家的慣例，可以從小事開始。譬如裝飾聖誕樹時播放不同的音樂、更動節日的慶祝菜色、或是在過節的時候離家去旅行，創意或許能紓解我部份的壓力。

7. 如果我必須提早離開，請尊重我的決定，別再增加我的罪惡感。不過請記得，如果有人看見並且守護我的悲慟，如果有人跟我一起懷念他，必須提早離開的機率就比較小。

以梅樂蒂的情形來說，整個家族決定把慶祝聖誕節的行程改到年中，從十二月二十五日變成七月二十五日。她很高興自己還是能和家人一同慶祝這個節日，而不是每年到了這個時間點都充滿悲慟絕望。

※※※※※

瑪塔是一位與我諮商的個案，她覺得自從她女兒珍過世之後，整個小鎮的人都在迴避她。在聖誕節前後，她注意到即使只是在雜貨店裡面，只要看到她的推車從走道接近，根據她的說法，大家都是轉身**避之唯恐不及**。

爲了主動處理這個狀況，瑪塔和我一起寫了一封信，可以在過節之前寄給家人與朋友。

親愛的家人與朋友們：

每年到了這個時間點，因爲女兒不在身邊，我們的內心總有說不出的掙扎與難過。提出這個要求可能會令你不自在，但是能不能拜託你們，當我們在城裡碰到面的時候，跟我們聊聊女兒的事、問我們最近好不好。我們希望你能在祈禱的時候提到她、紀念她，如果你們有這麼做，記得與我們分享。我們也想請你們考慮，能否以她的名義捐款給我們最想幫助的幾個慈善機構，挑其中一間就好。

請寄電子郵件給我們，不要打電話。對我們來說，目前講電話刺激太大。在聖誕節的那個禮拜，如果有人想幫忙準備餐點，我們會很感激；如果你想把食物留在我們家門口，我們也很感激。好友瑪莉願意幫我們接洽這件事，請直接連絡她。

最後，收到卡片總讓我們很開心，所以請繼續寄送卡片。我們想聽到你們和珍最美好的回憶。謝謝你們。我們非常感謝你們的支持，在往後的歲月裡也需要你們持續關懷。

25 把自我關懷當成分心的藉口

探索一定要超越極限，
因為這樣你才能發現真相。

——卡謬（Albert Camus），法國小說家

自我關懷的意思是，在遭逢失落之後，照顧自己的身體、頭腦和心，但是我們要留意這份關懷，別讓它變成另一種分散注意力的形式，別讓這個舉動變成另一個下意識帶我們遠離痛苦的分心方式。

⁂ ⁂ ⁂ ⁂ ⁂

有一位年輕人班，他的姐姐在他二十幾歲的時候遇害，約莫十年過後，他終於尋

求諮商的協助。他非常熟練於過度照顧自己的方法，所以每個月都花費大筆預算和大量時間在一些看似照顧自我的事情上。這些事情包括大手筆採購健身器材、購買多家健身房的會員資格、與健身教練多次會面。然後在他姐姐過世十周年的時候，班留意到自己的第一個衝動居然是購買更多健身設備。

在我們共同諮商的時間中，他開始了解自己之所以會過度強調注重身體，是在姐姐過世不久所發展出來的應對方法。在謀殺他姐姐兇手的審判過程當中，班藉由過度鍛鍊自己的體格，才能發洩對於弒親兇手的憤怒，結果這個模式就這樣滯留下來。

十年後，這些健身運動不只是社會容許的應付方式，也是讓他轉移注意力以及遠離痛苦的方式。問題是，就像任何藥物一樣，他必須一直投入資金，購買更多器材及會員資格才能獲得相同的效果來麻痺自己的心。班誇張的程度連一起積極健身的朋友都說他失控了。

我和他諮商的重心放在引導他與痛苦和受傷的記憶共處，循序漸進，而且是在安全的環境中經歷，同時幫助班學習如何以一種平衡的方式照顧自己，這份照顧必須是出自愛，而非恐懼或逃避。

我們一起做的第一件事就是開始寫日記記錄，以此感受或行動，讓他培養對自己情緒或行爲的覺察。

過了一段時間，班開始注意到只要他一回想或是聯想到痛苦的記憶，就會有一股衝動想要轉移自己的注意力。

慢慢的，我們開始解除這個自動化的模式，他開始學會即使在最難忍受的狀態下都能與悲慟共處。

最後當練習深刻的自我覺察時，班能夠停止以改變自己的身材做爲發洩悲慟的途徑。他還是繼續健身，但是他現在是有自覺的練習，並知道自己這麼做是爲了維持健康，但是他仍常常等到那個適合哭泣的時機，讓自己好好哭過之後才去健身。

26 學習、適應及相信直覺

從那沙風暴中出來的你，
已經不是踏進去時的你了。
對，這就是沙風暴這東西的意思。

——村上春樹，日本小說家

我和悲慟的練習帶領我到一個境界，在此我了解自我覺察的三位一體：學習、適應和相信直覺。

只要我們留心，所有的事物都是我們潛在的老師。當這樣的情形發生時，我們開始看到自己從沒看過的、從沒在自然界留意過的細節，甚至看到彩虹與暴風雨出現在同一片天空。當悲慟的黑暗降臨時，我們的雙眼需要時間去適應，才能開始看得更細微，以及發現那存在於微弱光源中的事物。

練習專注的自我覺察，我們可能會開始看到埋在泥土之下的種子奮力地想發芽；我們也可能注意到能夠隨風搖擺的樹枝比較不易折斷。

我們可能會發現平坦的道路不見得總是正確的。

萬事萬物都能教導我們。

孩子和陌生人教導我們。

動物也能教導我們。

當我們眞正覺醒時，就連平凡的一刻也教導著我們某事。

悲慟本身就是一種學習過程，在悲慟之中我們更了解自己，而這份理解可能比我們原來願意體會的更深。越理解悲慟，我就越不害怕，也更能回到自身，向下扎根。

悲慟也是一種適應的過程，我們找到不同方式去調適從沒預期或沒想要過的生活。

悲慟磨練我們的直覺。我們得以更深入聆聽，感受力比所愛之人過世前更加敏銳，截然不同。這樣的敏銳度來自我們不斷培養對自我和周遭透徹的覺察。有的時候我們學會相信自己的直覺。

※ ※ ※ ※ ※

當我還小的時候，就深受瑟多納這個城市所吸引。我的雙親，特別是我父親非常喜愛瑟多納，很多個週末、夏日以及假期，我都在此度過。瑟多納的娛樂選擇或夜生活並非特別多采多姿，只有耀眼的星星在天空中閃爍，那發亮的程度會讓你以爲自己快要碰到這些星星的光芒。當我在二〇一〇年正式搬到瑟多納的時候，我發現自己終於找到重心，回到了家。

這個我一輩子熱愛的城鎮是以這裡其中一位開拓者之妻的名字命名的，她叫瑟多娜．史內柏莉（Sedona Schnebly）。我對她所知不多，一直到我有一天決定跟隨自己直覺的衝動，選了一條不同的路去有機超市，結果發現我到了庫克的雪松沼澤墓園（Cook's Cedar Glade Cemetery）。我晃來晃去，好奇地讀著墓誌銘，結果遇到瑟多娜的墳墓。

我很訝異她居然隱藏在一個又舊又不起眼的墓園，然後我注意到她的墳旁有另一塊墓碑，上面寫著：

珮若・A・史內柏莉（Pearl A. Schnebly）——摯愛的女兒

生於一八九九年十一月十八日

辛於一九零五年六月十二日

我坐在她們墳墓的紅土上，在心中對她們倆致上敬意，她和我一樣也是位悲慟的母親，因失去女兒所苦。

後來那天我根本沒去超市。

因爲我開始搜尋瑟多娜和珮若的相關資料。

原來珮若在騎馬時發生意外而過世，瑟多娜當時在場，但是也束手無策，救不了女兒。瑟多娜的悲慟一定極度難以承受，而且我能想像在遙遠而未開墾的西南方，她能得到的支持一定相當有限。

故事的後續發展，是瑟多娜每天都透過廚房的窗口，望著自己心愛女兒的墓碑。幾個月後，爲了從悲慟邊緣挽回深愛的妻子，瑟多娜的丈夫無計可施，毅然決定迅速搬離這個區域。

又過了四十五年之後，瑟多娜·史內柏莉才再度回到這個她所熱愛的地方，在此下葬，依照她的吩咐，葬在心愛的珮若身旁。

我現在常常去探望她的墳，跟她們母女倆聊天，我也更加了解，爲什麼這是地球上我唯一一個想要居住的地方。

27 當悲慟再現

世界打擊我們每一個人，
但是有些人反而因為這些傷口變得更堅強。

——海明威，美國小說家

我記得女兒死後，我第一次敢笑出來的那一天。

當我從剛發生的舉動回神過來之後，我覺得自己好像做了褻瀆的行爲，**我居然敢放聲大笑！**我不記得是誰讓我做出這個不敬之舉，也不記得到底誰說了什麼或做了什麼讓我笑出來的事，但是我記得當時是在外面，身旁有幾個人。

我居然笑了，但是當笑聲一從我的肺部散去，我就好像脫離自己的身體，由外往內看著自己，滿懷羞愧。

微笑或大笑是一種活人做的舉動，但**我**是行屍走肉，我沒有笑的權利。我徘徊在活人與死人兩個世界的中間，我確實**感覺像**死人，我確實感覺破碎，但是和海明威破碎的風格不一樣，我還沒有因爲那些傷口變得更堅強。

笑完之後，我起身以喘不過氣爲由去女廁，把自己關在公廁裡哭泣。

很長一段時間，我還沒準備好再度微笑或大笑。

※ ※ ※ ※ ※

二十一年前的七月二十七號，是我的世界陷入一片寂靜的日子。二十一年的想念很漫長。二十一年來，我不斷感覺、不斷揣想，也不斷懷疑自己爲何碰不到她、聽不到她，也看不到她。

時間發展出奇怪的質地：幾分鐘感覺像好幾年，幾年的光陰感覺起來卻只有幾分鐘。

明明是好久之前發生的事，感覺卻像昨天；昨天才發生的事感覺起來像好久之前。

我對她，對這個逝去女兒的愛絲毫不減。

有時候是遇到特別的節日、場合或忌日，有時候只是平常的日子，陽光普照，白雲漂浮，地球照樣旋轉，就跟其他日子沒兩樣，一陣劇痛卻會突然襲上我心頭，我感覺那一刻在我周圍崩毀。

雖然發生的頻率沒有像初期那麼頻繁，持續的時間也沒有像初期那麼久，但這股痛仍舊會發生。

於是我臣服，縱然悲慟初期早過去已久，悲慟的陰影還在，這感覺埋伏在四周，揮之不去。它是可畏的敵人，也是可愛的同伴，總是常相左右。

悲慟召喚我們，要我們交回自己。

爲了再次憶念。

爲了重新出發。

爲了再次體會悲慟。

對於這些事，雖然發生的時候會痛，我仍心存感激。

28 臣服與伸展

轉向你深愛之事得以拯救你。

——魯米，伊斯蘭教蘇菲派神秘主義詩人

培養臣服的練習代表我們在人生所有階段，刻意重複溫習悲慟。我們對悲慟的覺察更加敏銳，所愛之人的逝世近在眼前，難以否認，我們開始感謝悲慟無所不在，因爲悲慟我們才想起和逝者共度的時光。那一段時光如此珍貴，是屬於我們的回憶。

當我們眞正暫停而反省的時候，我們才瞭解，即使有一場保證可以減少過去悲慟程度的交換，我們也不願拿那些愛的時刻與**任何事情**交換。

有一位年輕人的妹妹遭到強暴及謀殺，他悲慟不已，但是他說：「我每天都飽受折磨，但我知道這是因爲我太愛她了……，當人們跟我聊到復原，就好像在告訴我我應該停止悲慟。除非我不再愛她，否則我不會停止悲慟。」

復原是個有趣的字，基本上我會避免用這個字，因爲它帶有程度降低的含意。當我們悲慟到一個程度，對我們復原的期望就開始來敲門了，雇主、鄰居、家人、朋友和其他關心我們的人開始發出訊息，或含蓄或明顯，催促我們快快回到平常的生活。

但是當我們所愛之人過世時，生命會呈現各式各樣的變化，但無論如何變化，就是無法回到正常。

即便外表上看起來恢復到「新的正常狀態」，我們仍舊經歷了改變，如果不刻意壓抑悲慟，這股情緒會隨著時間改變。

當我們重新回到生活，開始處理日常的責任，像是付帳單、上班、洗衣服以及買菜時，悲慟可能會稍微鬆手。只要活著，這些經年累月的任務就等待我們回來處理。

這些事情不但必要，而且重要，如果沒有把心思放在這些保持生活運作的事情上，後果不堪設想。

但是有些小事會讓我們從眞正重要的事情上分心，而且當我們試圖用「日常生活該做的事」來避免悲慟時，可能會遇到困難。

透過練習，我們可以學習如何平衡處理世間的事，還有紀念我們已逝的摯愛。與悲慟共處，我們挑戰身體的極限，撐開自己的心量，直到發痛爲止。

就像任何伸展一樣，我們可以不要逼自己做到極限，出於必要及自我關懷，伸展的程度不用做到百分之百，可以稍微放鬆。過了一段時間，當我們在這個伸展裡面停留更久，幾乎快到極限時，我們學會等待。在這股臣服中，我們的肌肉慢慢放鬆，才能進入動作。當我們重複這個運動的時候，我們就更容易臣服，伸展也越來越深。朋友、同事、家人可能會勸我們放棄這個伸展，因爲他們覺得已經沒有這個必要了。

但是在某個特別的日子，可能是聽到一首歌或是看到某次日落，如果就這樣放棄伸展，我們會發現自己的肌肉又開始緊繃，這個感受開始變得陌生，而且這個感覺和好久之前一樣，難以承受。

※ ※ ※ ※ ※

對於夏洛特的母親瓊安來說，臣服是一項挑戰。她漸漸注意到使自己分心的方法，像是閱讀、看電影、睡覺或是讓自己忙一些事情。當她這麼做時，通常恐懼都佔有一席之地：「如果我選擇臣服，復原後我還能像之前一樣正常運作嗎？」瓊安告訴我她不斷想著女兒和她的死，「但多半時間，我都和這個想法維持一段距離。」有時候她會嘗試向悲慟投降，但她注意到總是有東西把她拉回來，不讓她完全臣服。她覺得自己好像只能一點一滴對這份失落投降。

當她的悲慟旅程走到將近第三年的時候，瓊安覺得自己還在「生存模式」。

但是她仍然邁開大步朝悲慟走去。

透過我們一同練習的許多冥想，她開始想像跟夏洛特有關的特定事物，譬如某一段跟她共處的時光，譬如夏洛特的手握在她手中的感覺，或是夏洛特會穿著法蘭絨睡衣依偎著她，她會揉揉夏洛特的腿。

有勇氣面對心中空洞之處以及奮不顧身刻意回想過往的勇猛，帶來深刻的影響。瓊安發現當她回想起夏洛特的身形、法蘭絨睡衣在她指尖的感覺，還有她們母女手牽手時掌心之間的空隙，這些感受完全轉化成實際的觸感，所以她回想起「擁有一個活生生的女兒」的感受。

當然，這些回憶伴隨著痛。

但是痛不代表一切。

瓊安如此描述：

> 在那些時刻裡，我感受到眞誠的微笑，雖然不是一個帶著莫大喜悅的微笑，但是這笑容比我曾發出的任何微笑更純粹、更眞誠、充滿愛，而且

比從前深刻。但是那一刻很快就過去了，只剩下她死於暴力的記憶，所以我的焦慮再度浮現。這是一個恆常的提醒，告訴我，沒有什麼事情是永恆的，但是就某種程度來說，永恆也存在。因爲在那些時刻裡，她眞的存在。

向悲慟臣服的邀請發生在半途之中，跨向兩個世界，生與死的世界。瓊安讓自己記得夏洛特，但是她既不執著也不逃避，隨之發生的，是純淨的愛與傷痛。出於有意識的選擇，不把悲慟貶到後院去，不讓這份情緒不見天日、不對這份記憶不理不睬。選擇記得，需要勇氣。

被痛苦撐開的心有更多能力容納更多愛。

⁂ ⁂ ⁂ ⁂ ⁂

札第是位可愛的棕眼小男孩，他與家人感情深厚，而且深信自己是年輕版的蝙蝠俠。一位魯莽的駕駛撞上無辜行人，結果，這場意外不但奪走札第的生命，也造成他母親蕾秋受傷。

札第過世幾週後，蕾秋參加我的創傷性悲慟僻靜。起初，她認爲與悲慟同在的觀念很荒謬，但是後來她開始探索這個經驗。當她能整個人完全沉浸在悲慟之中時，她發現，縱然只有一瞬間，也體會到愛與悲慟之間沒有分別。

八個月後，我接到她的短信：

> 昨天我終於下定決心，練習妳去年夏天告訴我們要做的事情——與悲慟同在，不管發生什麼事都不逃開。結果還好。事實上，我試圖逃避時感覺起來還比較痛。我的眼淚溫暖的掉下來，奇怪的是，這些眼淚既美麗又令我安心。雖然還是會痛，但是我也感覺到很多愛。有一小段時間，感覺

很像札第在我懷裡。

妳讓我們了解，我們會活下來的，我們可以再度茁壯，也能承受那些看似難以承受的。我們別無選擇，只有一條新的道路，這條路比較複雜，但是也比以前更深刻，同時充滿美與感激。

※ ※ ※ ※ ※

透過重新經歷悲慟以及回憶，我們發現奧秘的療癒力量，讓我們得以在伸展中撐下去，繼續連結美好的愛和失落的痛。正當我們活在執著於驅趕及輕蔑悲慟、急著將這份情緒掃地出門的文化之中，臣服卻讓我們拿出穩定的決心，挺身而出**面對**悲慟。

切斷與悲慟的連結讓我們已經脆弱的身分更加破碎，當我們保持與逝者親密的聯繫時，我們也把握與生命本質的連結。

29 當我們破碎時

無須因眼淚羞愧，
因為眼淚是莫大勇氣的見證，
它見證我們受苦的勇氣。
——維克多．弗蘭克（Viktor Frankl），奧地利心理學家、「意義治療法」大師

麗莎坐在我的辦公室中問道：「**我在這裡做什麼？**」當時安東尼過世將近三年。十八歲的安東尼本是她僅存的兒子，十三年前，她大兒子麥可過世，得年十二歲。她的雙眼懇求我給她一個活下去的理由。「麥可過世的時候，安東尼是我活下來的理由……，現在安東尼也走了。」

忍受一個孩子過世的痛已經夠她受了。

現在麗莎經歷雙重悲慟，坐在那裡懇求幫忙。

安東尼過世幾週之後，我們就開始諮商。她覺得自己從沒有充分爲麥可悲慟，所以這次她想要好好做。之前她曾經參加過我的悲慟僻靜以及互助團體，每週都來諮商。

與悲慟共處，雖然很痛，但是這份經驗比我們兩個想像的更有流動性。

自安東尼離家上大學時，麗莎便開始服用精神科藥物，但在我和她進行個案幾個月之內，她便停止服藥了。大約在安東尼過世一年半之後，我們比較少碰面諮商，因爲她開始重新投入生活。

她和先生共同經營營造公司，對她來說，平衡生活和悲慟非常困難，幾乎完全做不到。

最近，麗莎和我重新恢復聯繫，她帶著憤怒，而且認爲這是盛怒。她告訴我，她完全無法面對盛怒情緒。她對自己強烈的情緒感到不安，因此開始自殘，試圖以此方式突破自己的限制，尤其是因爲她無法消化悲慟而造成的婚姻衝突。在這次諮商的時候，我們談到「對悲慟臣服，而不去抵抗」的感受可能會是什麼樣子。

「我不知道該如何處於悲慟之中，我不知道如何不帶恐懼去感受，萬一我沒辦法從那樣的情緒中恢復怎麼辦？」她問道。

我要她看看盛怒的背後，看看當她把情緒的痛發洩在自己身體上的動機。「我希望有人看見我的痛、承認這股痛，但是我沒有得到。」她想了很久之後，淚眼矇矓的回答我。

麗莎是個充滿母愛的女人，她對兩個孩子的愛極度熱切，但是她必須重新活在沒有他們的世界上，這股壓力很難適應。

我請麗莎注意她傷害自己之前的狀況。

她有種感覺，她痛恨別人試圖強迫她「往前看」，她需要找個方式表達這些感受，她須要把內在這股受到抹滅的感受透過外在形式表達出來。

這個情況屢見不鮮。

我說：「因為別人摧毀我們，所以我們想把這股毀滅性透過某種形式傳達出來，這股毀滅有可能發洩在自己身上，也有可能在他人身上。」

透過她臉上的表情，我知道我講到重點了。

她問我：「那我該怎麼辦？」

「妳能向這些感受臣服嗎？妳能夠在這些毀滅之中保持清醒，而不要無意識的發洩在自己身上嗎？」

麗莎是一位勇敢且堅定的女性，在挑戰或眞理面前，她不退縮。

她也認出這其中的諷刺之處：戰士麗莎只有臣服之後，才能繼續當一位戰士。

30 悲慟會持續多久？

我對夜晚有信心。

——里爾克（Rainer Maria Rilke），德語詩人

人們總愛問我，悲慟會持續多久。

今天早上我剛接到一封電子郵件，那是一位悲慟的手足正在悼念遭謀殺過世的哥哥，他問我：「這會花多久時間？」

通常會問我這種問題的人都是剛剛開始歷經悲慟的人，或是非常關心悲慟者的人，希望生活能回到過往曾有的步調。對那些正在經歷悲慟的人來說，很難相信這種奇特而獨有的痛是會停止的，生活會再度回到常軌，眼淚總有一天也會哭乾。

是眞的，事情不會、也永遠不可能回到像以前一樣，因為我們變了，我們的世界

也變了。

有些人說，時間會療癒一切，但是我看待這個過程的方式不太一樣。當然時間會允許一些必要的空間，類似給初期悲慟的絕望一點轉圜的餘地。只是以我個人來說，我並不覺得悲慟隨著時間過去而減少。

我還是能感受到失去夏安那股深沉而鮮明的悲慟。認爲悲慟會隨著時光流逝而減輕的想法不適用在我身上。我也不希望我是以這樣的方式體會。

重點並不是時間究竟過了多久，而是在這段時間中，我們和身邊的人做了些什麼。

※　※　※　※　※

我很早就下定決心，在悲慟方面，我不會爲了討好自己或身邊的人，而選擇性呈現自己某些狀態。透過允許自己與悲慟共處，承受悲慟的重量、揹負它，我變得更堅強。

最後我變得堅強到足以幫助其他人，教他們如何承擔悲慟。

如果我們以一到十的程度衡量，我悲慟的程度每一天都不一樣，可能高，也可能低。但是我因應的能力（尤其是近幾年來）幾乎都是九或十。

事情會這樣發生：

首先，慢慢地，非常緩慢地，透過與悲慟共處，我開始伸展並且鍛鍊我的「悲慟承受肌」。承載如此嚇人的重量，一開始我的肌肉會痠痛，一天到晚痛，因爲身體想拒絕我必須承受的新重量，所以肌肉會有痠痛感及灼熱感。

過了一段時間，在我繼續伸展、繼續舉起悲慟的重量時，我越來越強壯，也越來越柔軟，儘管悲傷以各式各樣的方式呈現，我都能安然揹負。我需要承擔的重量一直都沒變，但是我能承受的程度會增加。

我想要適應這份重量，而不是克服這份重量、也不強迫自己療癒，更不是對自己或向悲慟宣戰。

透過這樣的調適，我的心量也越來越大，我向痛苦學習的能力，以及轉化痛苦的能力也逐漸增加。

即使如此，若夏安能回到我身邊，我會心甘情願放棄這份嶄新的力量和柔軟度。但是從另一個角度看待這個事實，正因爲有機會認識和愛過我的女兒，我才能在幾十年後的今天成爲一個更完整的人。

※ ※ ※ ※ ※

深愛的人過世是我們命運的一部份，他們是我們自傳的一個章節。

我們感覺這份愛在我們的骨髓之中。

有一份持續迴盪的召喚，要我們記得他們，雖然有時候這個世界的混亂過於喧囂，蓋過這份召喚，但這股聲音從沒消失。當我們忽略它，就得付出自我破碎和失去連結的代價，而社會所付出的代價是情感匱乏，並形成人我之間的距離，一旦我們失去感受悲慟的能力，感受滿足的能力也會降低。

面對破碎的自我、選擇站在苦痛之中，並非兒戲，而是一份重大的責任。當我們想起已逝的摯愛，就縮短了我們和他們之間的時空距離，此時，他們成爲我們眞實體驗的一部份。

尤其是在生命重拾舒適的步調時，向悲慟臣服更是必要的勇氣之舉。

31 回憶的勇氣

一旦你面對過偉大的死亡，
再次死亡就無法傷害你。

——聖方濟（Francis of Assisi），自然環境的守護聖人

賴瑞是一位中年男子，他的母親來自迪那族❶，父親則爲愛爾蘭移民後裔。他堅毅的面貌看似皮革，悲慟蝕刻在他臉上的皺紋裡，他描述自己全身上下的病痛時，這份悲慟隨之加深，但他的態度出乎意料的輕鬆。賴瑞是一位精神科醫師轉介給我的，這位醫師認爲他經驗的生理症狀跟延宕的悲慟有關。大約二十五年前，當時他年近十

譯註：
❶ Diné，一般譯為納瓦霍族保留地。

歲的兒子馬修，死於白血病。

賴瑞描述頭幾個月當他在應對馬修之死的時候，他處理得「挺不錯的」。他跟當時的妻子因爲共同度過這樣悲劇性的失落，感情更加親密。賴瑞專心幫助她和小兒子因應這件「改變一切的事」。

馬修過世後約莫半年，賴瑞開始感到憤怒，而這股怒氣在他感覺起來完全無法控制。他會進入盛怒當中，摔家具、砸盤子。雖然他從來沒有在肢體上對家人暴力相向，但是他知道這些行爲是有問題的。在接下來的幾個月內，賴瑞感覺他與妻子和兒子漸行漸遠，於是他離開了。在二十三年內他住過九個州，經常換工作，也因爲自己拋棄了妻子和唯一在世的兒子，承受無法紓解的罪惡感和羞恥感。

自從離家起，他就沒再探望過馬修的墳墓。

在我們剛開始會面時，賴瑞並沒有分享太多情緒感受。他花很多時間描述自己如何透過外在行爲表達內在的感受，還有這些行爲如何破壞他和家人之間的感情。

當我覺得賴瑞開始信任我們之間的關係時，我請他描述覺得自己把悲慟「處理得挺不錯」那段時間的感受。

他說他跟太太會探望馬修的墓，做些裝飾。

他們會去散步並且紀念他。

他們一同哭泣。

有一次當他回家探望父母，他們鼓勵他「爲了家人好」，應該「停止悲慟」。他們建議，爲了大家好，馬修的照片應該要放在車庫裡。家人勸告賴瑞和他太太不要過度沉溺於悲慟之中。賴瑞的工作也在他心裡還沒準備好的時候，逼著他往前。爲了怕影響其他同事，他們禁止賴瑞在工作時提到馬修的事情。周遭所有的聲音都要賴瑞否認悲慟，這讓他有種感覺，就是——他得忘記自己持續感受到那份對馬修的愛。

在某次勾起許多傷痛的諮商之後，我問他「如果他們都錯了怎麼辦？」、「即便爲了當一個好先生和好父親，也不需要忘掉你所感受的悲慟呢？要是那份悲慟反而能表現你對他的愛呢？」

這是好幾月以來我們會面時賴瑞第一次哭泣。

我們開始艱辛的過程，爲馬修悲慟，反覆悲慟。

一但賴瑞選擇走這條路，就有許多功課要做：寫信、回顧照片、在不同的情境下重新描述自己的故事，還有與他深層的痛、罪惡感和羞愧感連結，同時他要再次造訪馬修的墳墓，以及重訪前妻與他在世的兒子，並且取得他們寬恕。

他的確與在世的兒子重新連結，父子之間的關係開始成長、茁壯。

在我們共同諮商兩年後，爲了更接近兒子，賴瑞搬到他家附近。

※ ※ ※ ※ ※

雖然賴瑞身體的病痛持續，但這些不適多半出於身體老化，深層的生理疼痛帶出他有意識的覺知，因此他更了解自己，也與自己、與馬修、與生命產生更深的連結。

賴瑞開始跟他人相處、建立友誼，甚至嘗試好幾年沒有試過的約會。

這個過程中重要的一部份是告訴他生命中的相關者，他有**兩個**孩子，一個在世，一個已逝。

之後賴瑞越來越常感受到馬修的存在，這份感受對於他自我療癒的旅程相當重要。

最後一次聽到賴瑞的消息是在馬修過世的紀念日，他在那天去探馬修的墳，並且寄了一張照片給我。他還在馬修的墳上留了一頂棒球帽，這是他生前最愛的球隊。

他感謝我幫助他找到懷念兒子的勇氣，要完整體會人生，這是不可或缺的元素。

32 手牽手

讓我們別再為了走安全的路討價還價。

——喬伊絲．魏爾伍（Joyce Wellwood），美國詩人

很多人會問悲慟者：「你仍然悲慟難耐嗎？」、「你還要多久才會走出來？」，或是「我們究竟該怎麼做才能停止你的悲慟呢？」

問題是，關於悲慟，並不是到達一個階段或某個時間點之後，就能全然平靜、完全療癒或不再神傷。

悲慟是一個過程，也是一條漫長而迂迴的路。當我們行經一段距離之後，地形就改變了，這條路的某一段比較貧瘠，另一段比較美麗，但其實都是同一條路，而悲慟則是終點；但你會發現在我們感受悲慟的每一刻的同時也在抵達這個終點。

可是，許多人得到的訊息正好相反，不管從醫療、靈性、教育，甚至是社會體制的角度都好，他們都說悲慟是病態的，這是一種需要治療的症狀，這種症狀醫得好，也能根除。這些訊息都來自於一個缺乏慈悲的文化，明示也好，暗示也好，先把正常消化悲慟情緒所需的時間估計出來，然後告知我們，或影響我們和悲慟之間的關係。上述情形是悲慟者最常遇到的一大挑戰。

我們的文化總愛搬出千篇一律的說法，以及心理學主張的用語，延續大眾對悲慟的看法。以下某些話對悲慟者來說應該不陌生：

- 他／她到更好的地方去了。
- 他／她不用再受苦了。
- 事出必有因。
- 該是繼續向前看或前進的時候了。

- 有這種感覺不正常。
- 悲慟很容易轉變爲精神異常。
- 你的（孩子、配偶、父母、孫子……等）一定不希望你難過。
- 我不敢相信你居然**還在**難過。
- 也許你應該吃藥。
- 你現在不是應該已經走出來了嗎？
- 痛苦這麼久很不正常喔。
- 孩子再生就有了。
- 你必須把這件事忘掉。
- 相信上帝的安排。
- 放手吧！
- 上帝需要一名天使照料祂的花園。

- 試試（這種療法、這種技巧）來幫你復原。
- 別想了。
- 想一些開心的想法。
- 試著回想美好的時光。
- 不要想壞的時候。
- 就用好的回憶去取代難受的回憶。
- 你總得繼續過日子。

否認悲慟文化的其他成員害怕悲慟的情緒會傳染，使他們也必須面對自己的痛，所以試著將自己的迴避合理化，並且讓自己不要去想那件不該想的事。他們想**治好**悲慟。我的好朋友，著名的心理治療師史特羅醫師（Robert D. Stolorow）稱這種做法爲「向悲慟宣戰」。

再生一個或再婚都治不好這種現象。

過了這麼久還有這種感受是正常的。

對那些我們所愛的人來說，世界上沒有別的地方比跟我們在一起「更好」。

悲慟沒辦法、也不應該被治好。

我們的文化害怕面對痛苦情緒強烈的表達，所以用體制和常規鎮壓悲慟，迫使人們躲到黑暗角落，用藥物讓悲慟的哭聲沉默，刻意強迫自己冷靜下來、控制那些不應該被控制的事情。本來在悲慟中正常的行爲，卻被文化用一些老掉牙的說法延續這類迷思並提供錯誤資訊，也難怪大家想遠離自己的痛苦，因爲在某些人眼中看來，這麼做合情合理。

但是在悲悼之中沒有整齊、乾淨或文明的餘地。

悲慟顛覆傳統，這是一種直接、原始、具煽動性、混亂、極度痛苦，也最不文明的經驗。但是悲慟也是對人類熱情的肯定，唯有那些冷漠的人、對愛無感的人，還有抗拒親密的人才能逃過悲慟的懷抱。

沒有任何的治療手法或諮商師能夠「治癒」我們的悲慟。我們也沒有問題，我們只是心碎而已。

悲慟並非一種需要治療的疾病。

悲慟不是一種需要解決的靈性危機。

悲慟不是需要對付的社會公敵。

悲慟只是與心有關，需要感受。

如同十九世紀哈西迪（Hasidic）猶太教的科茲可拉比（Kotzker Rebbe）曾說的——沒有一顆心比破碎的心更完整。

33

未處理的創傷性悲慟的力量

我們把遇見悲慟當作一種折磨，
但其實悲慟是一種確信。

——里昂．韋斯蒂爾（Leon Wieseltier），美國作家

我第一次遇到葛瑞辰時，她分享自己內心強烈的恐懼，她母親潔德因爲使用處方藥物及非法藥物，即將死於酒精及藥物濫用。

葛瑞辰是年輕又單身的女性，卻花了人生大部份的時間照顧母親，她和母親的角色恰好相反：女兒是照顧者，母親則像是自我毀滅的年輕人。葛瑞辰不斷的在照顧母親和逃離母親兩種情緒中來回擺盪。

童年時，潔德曾遭遇性侵害，後來身邊又有很多親近者往生，逝者包括她母親及

丈夫，也就是葛瑞辰的父親。當葛瑞辰還是少女的時候，她的父親飽受癌症的痛苦折磨，並因而過世。潔德對四分五裂的狀態十分熟悉，藥物濫用和治療中心在她生活中輪番上陣，她更試圖以精神疾病的藥物來治療酗酒。爲了麻痺自己情緒的傷痛，潔德不但過度使用藥物，還加上更多酒精，濫用兩者的程度越來越嚴重。醫療系統只著重管制她在壓力之下產生的破壞行爲，卻無視之前發生在她生命中的悲慟與創傷，所以沒有提供她迫切需要的慈悲支持及心理教育。這個自殘的惡性循環就一直持續下去，並導致潔德與周邊支援系統的斷層越來越大。

即使只剩葛瑞辰獨力面對，她仍然不肯放棄潔德，爲了幫助媽媽，她不斷犧牲自己的情緒平衡，也數度承受財務、工作和人際關係不穩定的狀態。

大約有一年半的時間，潔德逐漸停止服用所有藥物，保持清醒。那段時間她接受諮商，雖然當時的諮商沒有協助她面對創傷性的悲慟。但是至少有好一段時間，潔德脫離藥物治療，而且開始處理很多因爲多年自行服藥所造成的表面問題，只可惜還是沒有再次面對她最核心的創傷性悲慟。由於缺乏一位對創傷有基礎理解的心理治療師的協助，她再度陷入絕望的深淵，雖然她極度想從中爬出來，但是根據過去的經驗，她始終只知道一種面對方法，就是自行服藥。

一年過後，在一個令人心神不寧的夏日，因爲潔德一直沒接電話，葛瑞辰決定去看看狀況。

她發現潔德死在屋內。

面對這樣的情形，葛瑞辰覺得頭重腳輕、無家可歸，對母親的死滿懷罪惡感及羞愧感：「我忽略母親的悲慟。她的事我聽到累了……。其實她只想要有人聽到她的聲音、好好看著她和愛她。我不聽她說，無法看著她，只能遠遠愛著她。我就這麼得過且過，希望有一天不用再承擔她生命的重量，還有我在她的逝世之中扮演的角色。」

在她自己的悲慟功課中，透過與難受的情緒共處，葛瑞辰以這首詩表達她心中的本質：

母親，女兒／純淨的愛／妳是我成長過程中最好的朋友／從前，妳是我的母親／酒精變成妳的需求／酒精成爲我心頭之恨／酒精把妳奪走／我們何時互換角色？／我何時變成母親？

妳喝酒／我擔心／妳繼續喝／我哭泣／每一口酒都粉碎一個希望／年復一年／我越來越害怕妳會死去

妳終於清醒／不再喝酒／角色回歸正常／妳是母親，我是女兒／釋懷、喜悅、驕傲／妳當了我一年半的母親／我當了妳一年半的女兒／聽到妳再次喝酒讓我崩潰／妳正在我眼前慢慢死去／妳不再打電話來／妳不接電話／恐懼穿越了我／她走了／沒有，只是喝醉／幾個月過去／飲酒帶走妳的靈魂／惡魔漸漸獲勝

不不不，事情不應該這樣的／眼淚落下／身體顫抖／心凍結了／爲妳悲慟／想念妳／女孩突然想找媽媽／我需要妳／我爲妳哭泣／我的愛妳

懂嗎？／沒有妳我悵然若失／後悔／罪惡感／傷痛／死亡／有人想妳／有
人愛妳／妳是我媽媽／我是妳女兒／對不起　對不起　對不起／妳不該經
歷這樣的遭遇／酒精蒙蔽你我／酒精摧毀我們的人生

我想妳／我愛妳

妳是我的媽媽／我是妳的女兒

※ ※ ※ ※ ※

葛瑞辰和潔德的故事描繪出一個破碎的體制讓痛苦者雪上加霜，還有創傷性悲慟對不同世代造成影響的方式。

因爲母親的死，葛瑞辰現在滿心悲慟，如果當初潔德沒有迴避自己的悲慟，就不會導致如今葛瑞辰必須提早面對悲慟。

由於社會體制無法提供慈悲的照護，導致整個情況惡化，不然，或許有機會能扭轉這悲慘的結局。

在悲慟議題上濫用一己權力者，可能對他人造成永久的傷害。

34 數十年的沉默

因摯愛者而悲慟，應該有任何限制嗎？

——賀拉斯（Horace），義大利詩人

近來某一天，我收到四封來自世界各地的悲慟者所發出的電子郵件，他們都受到差勁的建議干擾，周圍的人試圖要他們**治好**悲慟。

一個悲慟的母親說：「我一開始哭，治療師就打斷我，她說沒有必要哭泣，她要我開始輕拍自己的臉來代替哭泣。眼淚造成我強烈的羞愧感。」

另一位說：「他說這件事拖太久了，因爲我還是天天哭，所以應該去精神病院住一段時間。我在那裡受盡折磨，什麼恐怖的情況都遇過。只要不配合吃藥就被綁起來，眞的太恐怖了。」

一位悲慟的丈夫說：「牧師告訴我上帝不希望我再難過了，還有處理悲慟的唯一辦法就是喝酒。」

還有一位悲慟的母親與我分享她的同事一再指責她把過世孩子的照片放在辦公桌上，同事說孩子都已經離開四個月，她還這麼做，讓他們很不自在，她該「向前看了」。（我邀請這位母親想想，這個問題有沒有可能其實是出在同事們的恐懼，而非她的舉止不恰當。）

二〇一三年三月某一天，我接到安的來信，她是一位年長的女性，親身經歷周遭人無視她悲慟的狀況。來信如下：

親愛的喬安：

我無法形容妳在做的事對我來說有多大的意義。在一九六六年二月十五號的時候，我失去了我的寶寶芭芭拉。她只活了十六個小時，她已經足月，還比預產期晚了十一天出來。我人在醫院，歷經三十七個半小時的分娩過程，我知道他們應該實行剖腹生產，但是我是臨床病人，院方告訴我要五個醫生同時同意才能進行剖腹，但是他們找不到五位醫生。當時我先生和我都年輕，什麼都不懂，而且那個時代，大家都很相信醫生的話。從前還沒有悲慟互助團體。因爲那家醫院是天主教醫院，我必須請求一位神父的陪伴，但是沒有人願意前來協助我度過這份恐懼。當團契進行時，我們必須到走廊上去。

臀位分娩的縫合讓我痛不欲生，加上身體虛弱，寸步難行。我陷入深深地悲慟，難以化解，而且我如此孤單。沒有人願意談談她。我還有一個三歲的孩子，我需要照顧她、抱抱她還有疼愛她，但是把心思放在孩子身上，對我的孤單仍舊於事無補。

到了九月，丈夫終於帶我去看醫生，他開抗憂鬱劑給我，讓我的身體感覺好沉重，我的頭幾乎抬不起來，更別說要照顧女兒。女兒也不好過，她原本以爲自己會有一個妹妹，但是後來聽說妹妹生病、不能回家，最後上天堂了。沒有一個三歲小孩能夠理解這種事。

我一直沒有從這份失落中復原，即使已經事隔多年。我的懷抱感覺還是很空虛，我也從來沒去探望芭芭拉。在我心裡，她的形象不是身上插滿管子、躺在機器裡，就是身穿我哥哥幫她買的受洗服裝、躺在一個小小的白色棺木中。

當我聽到妳說嬰兒的性命也很重要、悲慟是眞實而合理的、當時應該要有人幫助我時，我就知道我找到可以傾訴的對象了，也希望這是開始療癒的契機。喬安博士，因爲其他人不把她的死視爲一種眞正的失落，所以當時的我也不能歸類在「失去孩子」的類別裡。但是對我來說，這個孩子存在的眞實性遠超過一切，我對她的愛也沒有半點虛假。

我想要謝謝妳發起並分享妳在做的事。五年半之前，我先生死於癌症和許多嚴重的併發症。我花了好一段時間才走過來，但後來發現我可以透過擔任安寧病房的志工幫助他人，雖然我先生沒有機會進入安寧病房，但是透過服務這裡的患者，我可以讓他和芭芭拉的生命更有意義。

我想再一次感謝妳所做的事、說的話還有對我的幫助。

也許現在我能夠療癒。

願神保佑妳。

安

將近五十年的時間，安的痛苦被沉默覆蓋。

某些受苦是值得且必要的，例如承受失去次女芭芭拉的悲慟，而這份悲慟又是如何影響整個家族。

但是許多受苦就是沒必要的，就像來自周遭的人對待她的方式，這些人被動地默許整個體制散播逃避和恐懼的態度，卻沒有接近她，或給她愛。

看見悲慟及感受悲慟都是必要的，當我們看到這份情緒，感受到這份情緒，我們的心會打開，也會快速擴展。

在過了四十七年之後，安最後終於能夠回歸自身，要回基本的悲慟權力。但是她和我們一樣都需要其他人幫忙，一起承受臣服的重量。

我們需要他人和我們一起回憶。

我們需要慈悲心。

我們需要同理心。

我們需要找到內在的勇氣，慢慢鍛鍊並且強化我們的悲慟承重肌，希望將來有一天我們更知道如何因應悲慟的重量，甚至有一天能夠幫助別人。

※ ※ ※ ※ ※

對於聽來而被我們內化的建議要心存懷疑。

找到那些願意加入你、不帶批判地陪你走這條路的人。

避開那些宣稱能治好你悲慟的人。

讓你身邊圍繞那些承認自己沒有答案、但願意跟你一同進入那未知領域的人們。

尋找那些眞正對靈性下功夫的人，加入他們，找到屬於你的部落。

深刻聆聽，你會認出憂傷國度的其他子民。

他們爲數眾多，並且善良美麗。

35 罪惡感與羞恥感

痛苦在此，當你對它關上心門，
它會敲打著，從其他地方進入。

——歐文・亞隆（Irvin D. Yalom）
美國當代精神醫學大師、存在主義心理學者

臣服這個字指的是歸還，或把自己交付給某件事情。在悲慟的情況裡，我們把自己交給悲慟。

無論是什麼事，只要能把我們從日常生活的慣性帶入專心悲慟的神聖空間之中，都可以作爲臣服練習的一部份。做法有可能是重新回到互助團體、反覆訴說我們的故事、專注與我們的感受連結，而非著重每一次描述的事實。另一種做法可以是每隔幾個月或每隔幾年再次書寫我們愛與悲慟的故事，然後看著這份情緒是否有所改變或成長。

內在的觀點想要得到孕育，它必須向外成長並且得到見證，而外在的觀點則希望受到內化與整合。

以我個人來說，夏安在一九九四年過世的某些細節一直存在，但是針對她逝世這件事的觀點對我來說卻出現戲劇化的改變。刻意重返我的失落故事就是我臣服的方法，每一次重新回顧時，我都交回自己。

找出特定字眼描述我們當時的失落經驗，也是很有幫助的做法。

※ ※ ※ ※ ※

葛連在一場重型機車意外事故中失去了他三十七歲的妻子茱莉。他難以表達自己的情緒。他不斷重複使用四個形容詞來形容自己的經驗：悲慟、憤怒、迷惑和失落。

我們在茱莉過世兩年之後開始諮商。

他說他聽自己的故事聽到膩了，聽起來一成不變，老調重彈。所以我邀請他謹慎挑選用來描述感受的字眼。每一週，葛連會找一天晚上，想出一些更精確的字眼來形容當時出現的那個情緒。

某一週，**憤怒**變成「在我肚子裡面的一團火」，**悲慟**則變成「感覺有人把手伸進我的胸口，把我的心臟扯出來。」當我們開始探討某個特定的感受，當葛連開始把自己交給生命的每一刻時，他注意到他更容易接受自己的情緒。

他開始講他跟茱莉「約會夜」發生的故事，通常邊講邊哭，同時也開始了解，雖然這些美好的時光太短暫，但是他仍然感激至少曾經擁有。之前，葛連相信如果產生任何「好的」感受，就是背叛茱莉，但是透過書寫「形容詞日記」，他發現好的感受其實跟痛苦的感受是共存的，而非水火不容的。隨著這個練習，他的感受似乎開始流動了。他甚至發現因爲自己活下來而她卻過世，造成自己的罪惡感，這份感覺一直都在，只是他之前沒有發現。

面臨創傷性悲慟，許多悲慟者都因爲罪惡感和羞恥感掙扎不已。當孩子死掉，或在世者須直接爲另一個人的死亡負起責任時，這些感受尤其明顯。

單是在一個安全的環境中與羞恥感和罪惡感同在、去經歷這些感受，就已經足以平衡這些情緒的強度。在這樣的空間當中，我們可以拋棄評斷這些感受是**對**是**錯**或是**好**是**壞**的需要。

光是這麼做就有稀釋和沖淡這些情緒的力量。

※ ※ ※ ※ ※

雅莉珊卓要爲獨生女瑪姬的死負起責任，我們在瑪姬過世兩年後碰面。

她非常擅於僞裝自己的情緒，總是表現出一副很開心的樣子，完全不記得瑪姬。她活生生變成「迴避忍者」。其實她選擇這麼做的原因不難理解——雅莉珊卓試著要搬動一台電視，結果失手，電視掉下去砸到瑪姬的頭，她因此過世。問題是，當雅莉珊卓搬動電視之前，根本不曉得瑪姬也在那個房間。

我們會開始諮商是因爲雅莉珊卓發現自己飲酒過度，而且需要幫忙。她經常悲嘆自己居然成爲害死孩子的元凶，但是當她跟其他人談到自己的感受時，他們會忽略她的罪惡感，勸她趕緊原諒自己，不要再想往事。

周遭的人否定雅莉珊卓認知的核心事實：雖然這場事故並非出自她的本意，但是她的行爲的確直接導致瑪姬之死，雅莉珊卓需要一個安全的地方談論自己的罪惡感和羞愧感。

因爲她始終找不到安全的地方，她乾脆連提都不提，整個放棄。旁人反射式的回應已經讓她累了：「別再自責」、「妳不該有罪惡感」、「她一定不希望妳難過」，或是「別哭，一切都會沒事的」——雖然這些訊息以同情的面具出現，在雅莉珊卓耳中聽起來卻像粉飾太平、強迫接受和自以爲是。她覺得自己沒被看見，反而被否定。她渴望有一個庇護所能包容她最黑暗的時刻，她想要有人見證在她悲慟之中最難熬的部份，這個傷痛至今仍希望在安全的地方被看見。

她告訴我，其實她不希望任何人幫她降低罪惡感。

她不需要任何人幫她減少絕望的程度。

也不需要有人幫她找到幸福。

所以對她來說，我做的事情很適合她。我不幫助人們感覺良好，而是幫助人們去**感受**：不帶批評、不試圖改變任何事，也不轉開我的視線。我們會花上很多時間跟她的羞恥心及罪惡感待在一起，這兩者我們都有意識的歡迎。像這樣的訪客需要一個能接納它們的地方，我覺察到雅莉珊卓的需求，她需要表達或是彌補心理的愧疚。現在她終於能安全地透露那些感受，所以她把自己對瑪姬的懺悔說出來，作爲一種彌補。

※ ※ ※ ※ ※

十五年前，身為母親的挫敗感、罪惡感及羞恥心讓我尋求救贖。當時，我女兒已經過世一年多。在絕望的時刻，我會坐在地上抱著一台黑色的筆記型電腦，開始寫信給她：

親愛的夏安，

我一寫，就開始掉眼淚。然後我會放下筆電，癱在地毯上。

親愛的夏安，我很抱歉，寶貝。我眞的、眞的、眞的好抱歉。

我會這麼連寫四頁，都只是在說**對不起**，後面為我的錯誤懺悔，譬如錯誤的想法，像是「我應該要知道妳已經快死了」，還有錯誤的感受，像是「我不應該有這些感覺」。結束的時候我會請求她的原諒——

親愛的寶貝，請妳原諒我。爲了妳，我願意付出自己的生命。請原諒我。我愛妳、我愛妳、我愛妳。我會永遠愛妳。我很抱歉，眞的非常抱歉。永遠的媽咪。

我寫了好久才寫完那封信，而且寫得痛徹心扉。我哭泣。哭完之後等待一陣子，然後再讀一次那封信，結果哭得更厲害。我已經好久沒這樣哭了，馬拉松式的哭泣。很痛，但是也很棒。

然後我靜下來，暫停，讓心往內看，然後等待。在呼吸之間的空隙，有意思的事情發生了。

我打開筆記本，抓著筆，然後開始自由書寫，寫得飛快，並且不加思索。我寫下這樣的開頭：

親愛的媽咪，

然後夏安用她稚嫩的聲音回信給我，寫出她對愛的肯定，給予寬恕，即使當時的我並不肯原諒自己。

即便我稱這是石破天驚的一刻，都還是算客氣的說法。

這封信沒有平息我的罪惡感與羞愧，但是在我這個母親的心中，或甚至在我的靈魂裡，有些東西改變了。對我和夏安，以及我和悲慟的關係，這是關鍵的一刻。

※　※　※　※　※

雖然雅莉珊卓從來沒辦法寫下瑪姬給她的回信，這仍然是一個重要而且感性的練習：道歉、請求寬恕，以及表達源源不絕的愛，這份愛的範圍是無遠弗屆的。

36 向內與向外

我們都在同一個空間，
這個空間充滿人類的渴望與傷痛，
當你從冷風中走進來，
會看到絕望與希望面對面。

——凱莉．紐嘉門爾（Carrie Newcomer），美國創作歌手

米區倒車的時候輾過自己的兒子。我們在事情發生的兩天之後碰面。他趕著去幫長子買生日派對要用的東西，沒有注意拉瑪跟著他到門外。米區的震驚之情顯而易見，即使直到坐在我面前，他還是沒辦法完全理解這場悲劇。在這麼初期的時間點，我唯一能做的就是爲他提供一個安全的場所，盡量降低額外的傷痛。

米區對自己所屬的教會十分虔誠，因此沒辦法理解為什麼上帝允許這樣的事情發生。他覺得自己的整個世界都在崩塌。談到整個事故的核心，他還得面對現實——是他一手造成所有人的苦難及傷痛，他是罪魁禍首。當時要他承受這點真的太沉重了。面對其他同為喪慟父母者，他更是無地自容，一想到要面對陌生人控訴的眼光，他就無臉解釋喪子的始末。

雖然米區的太太真心原諒他，但每次她一哭，好像就在提醒他，他怎麼可以「如此對她？」

幾個月後，米區寫信給拉瑪。

他把這封信跟太太和自己的父母分享。

他想要在我的辦公室做這件事。

我哭了。

大家都哭了。

後來，因爲他的心向外敞開，米區也分享拉瑪的回信。當時整個辦公室瀰漫著極度的傷痛和眞切的愛。

後來，米區告訴我他感受到跟太太更加親密，整個家庭的感情也更融洽。不久之後，米區回到教會參與活動，這是拉瑪過世之後他第一次回去。他也請他的牧師來跟我聊聊關於創傷性悲慟，這樣牧師才更知道如何幫助米區和他的家人度過未來的歲月（幾個月甚至幾年）。

※ ※ ※ ※ ※

談到與悲慟共處，我們的心主要往內看，並且聚焦在自己身上。向悲慟臣服時，我們的注意力則在自己和他人之間來回擺盪。我們學習與悲慟共處，甚至在事隔好幾年之後，悲慟還是需要被看見和感受，當我們的心變得柔軟及敞開的時候，我們也開始更明白他人的痛。

這個向內看、在內外之間擺盪以及更明白他人的過程，在我帶領的互助團體之中比其他地方更明顯。

通常人們剛開始參加一個團體的動機，都是希望找到同病相憐者，希望在他人的身上看到自己。雖然如此，過程中許多人對於和自己不同的故事也培養出越來越柔軟的心態，同理心的連結也逐漸擴展。

⁂ ⁂ ⁂ ⁂ ⁂

瑪格麗特是一個絕頂聰明並且容易煩躁的中年婦女，即使在冬天她也只穿尺寸過大的衣服以及一雙磨得破爛的勃肯鞋。她第一次參加互助團體是在十七歲的兒子自殺六週之後。在團體中，她遇到一對夫妻，他們的兒子在幾年前他十九歲的時候自殺。當那對夫妻描述他們的故事時，瑪格麗特全神貫注。她的腳趾頭瘋狂上下扭動，彷彿整個人全身上下都在他們的描述中得到認同。他們是當晚唯一面對孩子自殺的父母親，於是聚會之後，瑪格麗特靠了過去。有好幾個月，她會私下告訴我，如果其他父母親的孩子與她兒子的年紀和死因不同的話，她無法感同身受，而且她會跟這些人保持距離，避免有太多接觸。

大約九個月之後，另一位母親跟團體分享她的新生兒之死。這位母親說自己感覺像個局外人，自己的權力好像被剝奪了。她談到，因爲孩子死亡的方式和時間，其他人瞧不起她的悲慟，也不看重她的孩子。

瑪格麗特抬頭看著她，然後開始哭泣。我往下看著她的腳趾頭，煩躁地扭動，即使這位母親的故事和她的完全不同，她卻能認同敘述者的感受。當她的心打開，她發現自己能和越來越多悲慟的雙親連結，她慈悲心的範圍擴大了，能夠包容更多受苦的人。這個現象讓她驚訝，她覺得十分脆弱，但又異常堅強。

受苦所造成的矛盾心理，在她身上顯露無遺。

無獨有偶，安卓莉亞是一位二十八歲的女性，因爲父親自殺而喪父。一開始她只能同理和她遭遇相同的人，但是在接下來的三年當中，她慢慢擴大連結範圍，當她遇到其他子女，即使彼此父母的死因不同，這份同理心也能擴展到他們身上，對他們的遭遇感同身受。接下來，這份同理心持續延伸到悲慟的雙親、悲慟的祖父母以及悲慟的配偶身上。我最近一次看到她的時候，她參加的互助團體是經驗所有種類的失落。她覺得自己是團體的一份子，也常爲他人哭泣。現在她自己在帶領悲慟團體。

安卓莉亞學會如何運用自己破碎的心，自願受苦，擴展對其他人的慈悲心，她並稱這是一趟「古怪、美好又心碎的旅程」。

※ ※ ※ ※ ※

當我們培養臣服於悲慟以及與悲慟共處的練習時，我們會發現自己感同身受的範圍擴大，小我融入大我，與他人合一。因爲自身的痛苦，我們才有機會發掘源源不絕的慈悲心。

即使進展緩慢，有了他人具慈悲心的支持，擁有充分時間哀悼、自我關懷及藉由儀式的幫助，悲慟在我們身上展現非比尋常的力量。

悲慟創造空間，跨越空間，而非消除或減少空間，爲了我們，也爲了他人，它讓我們的心往看似矛盾的苦與愛兩邊延伸。

我們得透過感受來經歷這個過程。

還有回憶。

37 愛的功課

去愛那些我們看不到的人，是一己之責任。

——齊克果（Søren Kierkegaard），丹麥作家、詩人

我一直覺得齊克果的《愛在流行》（*Kjerlighedens Gjerninger*）撫慰了我，對我起肯定作用。

在書中，他談到追憶逝者是最無私、最自由及最忠誠的愛的體現，爲了延續這份愛的存在，甘願繼續受苦。這份愛，因爲不求回報，所以無私；所愛的逝者永遠無法以我們想要的方式回應我們的呼喚。因爲勉強不來也沒有義務繼續愛著逝者，所以這份愛是最自由的，這是我們心甘情願的選擇。這份愛絕對忠誠，如此去愛需要奉獻的決心；因爲論情感、論心力或善意，逝者都無法回報我們。

逝者沒有試圖對我們緊抓不放，但是，當追憶逝者時，我們還是忠心耿耿愛著他們，不離不棄。在我們心中，他們的位置無可取代。

提到逝者，齊克果是這麼說的：

事情勉強不來。一方面，保留與逝者相關的美好回憶能避免……新的印象來驅逐這段回憶，同時也免於時間的影響……。……時間有種危險的力量，在時光中，很容易重新開始，然後遺忘……。同時，生命的各種需求召喚著我們，在世者召喚我們，說：來吧！我們會照顧你。但是無人能召喚逝者。

他提出這個建言：

如果你愛的人已逝，那麼用愛回憶他……。學習以善念思考，學習明確表達，既然事實無法改變，不如從中培養力量。關於生死這一課，不管一個人再怎麼聰明，只要他還在世，就無法教給你……。記得逝者，也記得愛的作爲永遠與這份祝福相隨，你會擁有理解生命的最好指導原則——去愛我們看不到的人，也愛我們看得到的人。

瑪莉的寶寶勸思，在六個月大時死於嬰兒猝死綜合症。一開始，瑪莉深深感受自己的悲慟並且公開表達她的憂傷。但是過了一段時間，我們否認悲慟的文化不斷傳來那些熟悉的訊息，讓她筋疲力竭。她覺得自己無法誠實的談論勸思，她發現公開表達自己的悲慟是一種禁忌。因此她停止提到他，開始忘記他，也越來越難以想像他的面貌。

將近十年後，瑪莉因爲這份失落感到極度苦悶而來找我。當我們一起承諾要與悲慟共處、重訪那個她鮮少提起的痛苦故事之後，她請我幫她創造一個懷念勸思的方法。

我們決定用一個盒子裝著其他人分享出來的跟孩子有關的回憶，並且將其命名爲「勸思之盒」。她向家人及朋友發出電子郵件，請他們寫下對勸思的回憶、對瑪莉懷胎時的記憶或任何相關的時刻（譬如：「瑪莉，我還記得聽到妳懷孕消息的那天。」或「我記得妳第一次看到勸思時臉上的表情」）。然後她把那些故事印出來，裁成長條狀放入勸思的盒子裡。每當瑪莉覺得自己快忘記他的時候，她就會探入盒中，順手抽出一個故事。這個練習支持著瑪莉，即使將近二十年後，只要某些日子她特別想親近孩子，她還是會使用這個盒子。

※ ※ ※ ※ ※

人們經常說，他們在悲慟初期最大的恐懼就是其他人會遺忘。這個恐懼也曾經發生在我身上。

夏安過世的頭幾年，我對她的記憶逐漸變淡，其實變淡是理所當然的。但是，當我發現我要想起她皮膚的觸感、她的手指頭、香味和存在變得沒那麼容易時，我慌了。所以我把每個關於她的細節都寫下來、每張有她的照片都抽出來，讓那些回憶靠近我的心口。我說：「拜託、拜託，不要忘記，拜託。」我練習回想她。

因此，即使過了這些年，我都沒忘。

我還記得。

※　※　※　※　※

如果我們夠安靜，如果我們願意傾聽，希望靠近逝者的願望總會有人聽到。

如果那份吁喊一直受到忽略，我們就變得破碎。

每當我們想起他們，他們就完完整整的活在我們心裡。

38 悲慟的波瀾

在悲慟與一無所有之間，我選擇悲慟。

——威廉．福克納（William Faulkner），美國小說家、詩人和劇作家

我再三努力記住夏安。即使她已經過世多年，想起她就會重新悲慟。所以我發現自己有時候會抗拒做這件事，對於這份抗拒，我有很多冠冕堂皇的理由，「我太忙了」、「截稿日期快到了」，或者「現在剛好有適合的浪，我要去衝浪。」

⁂ ⁂ ⁂ ⁂ ⁂

某個夏天，我在月光海灘赤潮時衝浪。無視於有經驗的前輩提醒，我試圖衝浪，但是我一再被浪頭打敗，而且險象環生。

當我回到海灘上時，我想著衝浪教給我的那些跟悲慟有關的事。

有時候我覺得自己被丟入黑暗之中，海水很深、痛苦的浪無情的打在我身上。悲慟像一道猛烈的激流，將我拉進黑水之中，不顧我的意願，將我帶離熟悉的海岸。我再也看不到我的家、看不到我的生命，也看不到被兩道浪夾擊的自己。我奮力尋求瞥見天空的可能性。

大浪持續。

我在浪之間翻滾，分不清東西南北，上下翻攪，暈頭轉向又滿頭霧水。激流把我拉到水面下，越沉越深，我掙扎著大口喘氣。

我與悲慟抗爭，但是悲慟實力雄厚，我沒有勝算。

悲慟在我耳邊語帶堅定，溫柔輕聲說著：「臣服，就不會死於痛苦。」有那麼一瞬間，我認真考慮這個建議。出乎意料的，我浮上水面，剛好有足夠時間讓我絕望地掙扎吸一口氣，然後，抗拒再度把我拽回深黑的水底，悲慟灌滿我的肺。

我知道如果不臣服，絕對無法存活。

所以我臣服了。

我在浪裡放鬆，潮水引導我回到表面，帶我上岸，那是我所熟悉的海岸，但是海浪還沒準備讓我靠岸。

任何衝浪者都知道面對大自然的力量沒有別的生存辦法。衝浪者的心咒就是：向海浪臣服。

面對悲慟的波浪也是一樣的方法——要向海浪臣服。無論悲慟的起伏是平靜或狂暴，我都交付出自己。面對這份未知，我帶著耐性，這份耐性帶著苦味，殘留在我嘴裡，但是相對的，悲慟對我更仁慈了。我們成為盟友，但對彼此小心翼翼，而我找到回家的路。

這就是我度過悲慟初期那幾個月，甚至前幾年的方法。

我不再質疑自己，包括我的情緒、眼淚、想法、儀式、難過，就只是隨它們去。

我臣服。

我不再因爲自己的悲慟情緒沒有在規劃好的三個月裡如期結束而懲罰自己。我放棄強裝出來的微笑和敷衍了事的喜悅。不論何時，只要感受到自己的悲慟，我就面對。臣服的禮物就是感受到自己越來越眞誠，並且信任自己。

※ ※ ※ ※ ※

即使在這麼多年之後，我偶爾還是會被這股激流或海洋淹沒。這支舞我們跳了好多遍，不斷重複。

我記得她，我一而再，再而三重返悲慟情緒，不厭其煩。

對我來說，悲慟展現的方式是有股激流把我拉到底下，讓我無法呼吸。對另外一位悲慟的女士來說，則是不同的黑暗經驗：「我感覺一道陰影下降，令我倉皇失措，然後只覺得整個人無法呼吸。所以我推開陰影，從不問它要什麼。除了滿心恐懼，我對它一無所知。直到我如實體會之後，學到它並沒有我所想像的那麼恐怖。我開始跟那道陰影對話，它也跟我說話。我才理解我有對應能力。」

當我們困在激流當中，或是被陰影籠罩時，我們可以相信這個時刻會過去，我們可以重拾呼吸的能力，起碼可以暫時呼吸。

39 她說：「想起我，」

人終究難免一死，但愛並不因此消逝。

——梅瑞特．瑪洛依（Merrit Malloy），美國作家

二〇〇〇年的初春，我正在規劃悲慟父母的年度僻靜會，我想要藉這次僻靜的機會向伊莉莎白．庫伯勒—羅斯博士（Dr. Elisabeth Kübler-Ross）致敬，因爲她的話在我的悲慟初期對我影響很深。爲了在課程中放上她的照片，我上網搜尋，結果找到一張她置身雛菊田中的照片。

直到此時，我對夏安只有一個夢想，就是她抓著一頂過大的稻草帽在雛菊田中奔跑，而我在她身後追趕，想抓住她。

我寄電子郵件給這位攝影師，徵求他的同意使用照片。隔天他回信詢問照片的用

途，我便向他解釋。

在幾封郵件往返之際，我告訴他夏安的死、我想用這張照片的原因，還有伊莉莎白·庫伯勒—羅斯博士對我悲慟初期的影響，他說：「我覺得妳應該打電話給她，這是她的電話號碼，我媽媽應該會很高興認識妳。」

我嚇呆了！他**媽媽**？

我記得我當時回信跟他說我不敢打電話，但最後還是打了。結果她住得離我很近，幾公里之外而已。所以隔天我就帶著一盤博士最喜歡的番茄羅勒天使細麵前往她家。

一直到她過世為止，我經常拜訪她，有的時候頻繁到一週三、四天。我們會一起看電影、吃爆米花，並且聊聊悲慟和死亡。

在我們的友誼發展之際，我幾度想放棄創傷性悲慟的療癒工作，因為必須不斷面對孩子死亡的哀傷，常常讓我覺得很喪氣。

伊莉莎白總會溫柔地提醒我，一開始這份工作並非出於**我**的選擇。

然後她會補充：「繼續下去，喬安，妳要繼續。」

⁂ ⁂ ⁂ ⁂ ⁂

在伊莉莎白離世前剛好一個月之際，我夢到她往生。

隔天當我拜訪她的時候，我告訴她前天晚上我夢到她。

她問我：「那是個好夢嗎？」

「嗯，不算是。」

「我死了嗎？」

「對。」

「喔，那就是好夢。」她露出淘氣的微笑。

她告訴我，她已經等不及死亡到來，這是事實，我們心照不宣。她還對我說，不論什麼時候，只要我想起她，她就會出現陪著我。但是我離開的時候心裡還是很清楚，對我來講，要跟她道別，很難。

※ ※ ※ ※ ※

離開伊莉莎白葬禮的那天晚上，回到家的時候，我既疲累又心痛，而且已經開始強烈想念她，也感受到悲慟緊抓住我的胸口。這份悲慟感覺是由多次喪慟累積而成，失去她的悲慟、三年前失去我母親的悲慟，當然還有失去夏安的悲慟。

大約在晚上十一點的時候，我到前面陽台坐在搖椅上想著伊莉莎白，在心裡跟她說話。我請她給我一個清楚的徵兆，證明她說過的話是眞的——如果我想起她，她就會出現在我身邊。然後我閉上眼睛。

我知道這聽起來很傻。

即便如此，幾分鐘後，當我張開眼睛看著夜空時，一顆流星劃過眼前。看著流星，我腦海中再次聽到她的話「**想起我**」。

我知道如何回憶，也知道如何召喚所愛的人回到我心中，即使這些回憶伴隨著深深的嚮往和憂傷。

我記得伊莉莎白，她與我同在。

40 儀式和小儀式

當你一籌莫展，儀式即為解藥。

——蘇琪．米勒（Sukie Miller），美國心理治療師、作家

一個亞利桑那州的夏日，五歲男孩古拉吉與他的弟弟及雙親一起游泳，然而他隨即因爲癲癇發作而死亡。

他的雙親，葛雯德和拉吉離開醫院兩小時之後，便打電話給我。

※ ※ ※ ※ ※

我在他們家與他們碰面，這是古拉吉和弟弟玩耍的地方，也是夫妻倆夢想著他們家庭的未來之地。

這家人身邊圍繞著錫克教社群，他們試圖了解自己的創傷性悲慟，感覺失落及不知所措。古拉吉的照片舉目皆是，他是一個發光的快樂男孩，雙眼彷彿能看透人心。在其中一張照片，我看到他手戴卡拉（**Kara**），那是象徵神的永恆本質——無始與無終的鋼製手環。所有家人在房間裡輪流跟我說話，同時房間裡也持續不斷念誦整本錫克聖經《阿底格蘭特》（*Sri Guru Granth Sahib*）。

古拉吉的雙親要求我參加錫克教的葬禮儀式，這場悲劇給予我陪伴他們走過這一段漫長告別路的殊榮。他們散開古拉吉那五年來從未剪過、一頭厚重的頭髮，然後告訴我這麼做象徵對神完美創作的尊敬。他們清洗他的身體，悲慟地哭泣。當社群的長老圍繞古拉吉時，他們不斷痛哭。當火化的日子來臨時，好幾百名錫克教徒前來告別。葛雯德領著送別的隊伍來到火葬場，而拉吉點燃葬禮的火堆，在傳統上，這是死去孩子的父親的責任。

我們其他人則站在葛雯德身邊流淚。

儀式能禮敬我們內心的一切，包括愛與傷痛。每個社會都有與死亡和悲慟相關的儀式。這些儀式的功用是**維繫連結**，幫助我們更靠近過世的所愛之人。當悲慟者能夠表達情感，重拾對內在感受的掌握，也能幫助自己感受這一切的意義，並且鞏固群體結構，置身團體中使我們更知道如何因應失落。

※※※※※

在失落初期，儀式通常較爲公開，許多親人和朋友頻繁參與，和我們一起回憶及悲慟。這些儀式可能包括點蠟燭守夜、追思（禮拜）、寄卡片和送菜餚，以逝者的名義種樹或捐款，坐七（sitting shiva，猶太教的喪禮習俗）或守夜。這樣共同的儀式通常在悲慟初期發生，然後隨著時間逐漸停止。人們繼續過日子，特別的社群或家族儀式告一段落，這一類的儀式變得越來越私人，用一種我所謂**小儀式**的方式呈現。

在悲慟初期也有小儀式，譬如抱著死者、瞻仰遺容，還有幫他們淨身。後期的小儀式則採取不同的形式：大型且規劃好的活動（譬如舉辦赤腳行走、玩具募捐或音樂活動），或隨興而發、簡單微小的舉動（例如早上對著死者說「早安」、點香、祈禱或冥想）。小儀式可以包括留意讓我們想起逝者的物品，譬如電話帳單、她生前最喜歡的唇膏、手寫的便條或是其他個人的物品；或也可以包括犧牲某樣我們很喜歡或很想要的東西，這份犧牲可以是與社會的互動或是個人身體的舒適度，小儀式可以持續十幾年，甚至沒有特定的期限。

不論公開或私人、規模大或小，儀式的舉動都不掩飾愛與傷痛的感受。

小儀式是某些刻意的舉動，在每天的生活中幫助我們提醒自己想起已逝的摯愛者。舉例來說，有一個男人每天早上都對過世的父親說：「早安老爹！」；一位女士在她和丈夫一同睡了十五年的床上給丈夫最喜歡的襯衫一個擁抱；另一位女士則是爲自己甫出生就過世的女兒點香；一位悲慟的父親每天晚餐時都點蠟燭來紀念自己死於軍事戰役的兒子。

這些小小的舉動在我們規律的日常生活中刻劃出空間，與我們所愛的逝者接觸。

※ ※ ※ ※ ※

我自己有許多小儀式。舉例來說，我不許下新年新希望，而是透過期許自己在未來一年的狀態，來紀念夏安。以下是一個例子：

我希望在衝突之中保持呼吸，
在極大的風險之前保持呼吸，
在悲慟的來來去去之中保持呼吸，
在生命的泥沼中保持呼吸，
在最黑暗的絕望中保持呼吸。
我願和眞實的自己在一起，

聆聽靜止之下的聲音，
看見他人揮之不去的痛苦，
向偉大的老師——孩子和自然禮敬。
更全然愛著一切事物。
我想向世界敞開雙手，打開我的心，
記得我們屬於彼此。

另一個我使用的小儀式是不說話的「沉默日」。我在衣服上別一小塊圓形紙片，上面寫著「紀念夏安的沉默日」。這個小儀式對我來說力量很大，當然，其他人知道你會挑某個日子保持沉默去紀念逝者時，也會觸動他們內心某些部份。類似的做法也包括每幾個月我會找時間禁食，在那一天不吃東西，以承認存在於世界上的飢餓和貧窮。身體和心理的犧牲通常是小儀式的一部份。

※※※※※

二〇一〇年十月十八日早上，五歲的珈妲整個人趴在她睡夢中的母親佐依身上，她用「媽媽，我愛妳像木蘭花這麼美麗！」這句話把她喚醒。

當天，珈妲和弟弟喬丹遭到殺害。

在我和佐伊諮商的過程中，約莫幾年的時間，她重複使用刺青的小儀式，透過這種方式，把自己的悲慟和持續的愛向外表達。

她的第一個刺青是兩個孩子死後六週刺的，她把珈妲和喬丹的骨灰混入刺青墨水，刺在後頸，作爲永恆的象徵。那天珈妲說的話：「媽媽，我愛妳像木蘭花這麼美麗！」則變成另一個刺青，另一個追憶的小儀式。

如同若博特．葛林．殷格索（Robert Green Ingersoll）在散文中寫過的一句話，「在死亡的夜晚，希望看到星辰，聆聽的愛則能聽到羽翼沙沙作響。」她把這句話刺在兩個孩子的名字和兩朵薰衣草色的木蘭花旁。

佐依常常聽著喬丹最喜歡的歌曲，歌手席雅的「很快有人會找到我們」（Soon We'll Be Found）。她在這首歌的歌詞中找到慰藉：「來吧，不久我們就能重返快樂時光。閉上妳的雙眼，我們說這個沉睡的世界中，沒有謊言。讓我們忘記這痛苦的一天，明天我們就會得到自由。轉過身來，我知道我們失散了，但是很快有人會找到我們。」

她把這首歌的歌名刺在她右邊肋骨下方，用來紀念她了然於胸的事實，她很清楚，有一天她和兩個孩子們一定會重逢。

※ ※ ※ ※ ※

透過藝術與慶典、透過敘述與創造，透過行動、言語和沉默，透過符號和承受痛苦——儀式與小儀式幫助我們回憶。

同樣的，儀式與小儀式也幫助我們去愛。

41 慈悲行動的意義

沒有任何事能遞補我們所愛之人的空缺，
嘗試找到替代本身就是一種錯誤，
我們只需願意承擔，並且堅持到底。
這在一開始聽起來的確非常困難，
但同時這又有極大的安慰作用。
只要這個位置保持空著，就能保存我們與逝者的連結。

——迪特里希．潘霍華（Dietrich Bonhoeffer），德國信義宗牧師、神學家

慈悲不只是一種感受。
有時候慈悲意味著採取行動，建立連結。

正因爲我們經歷過悲慟、承受過痛苦，我們才更能與他人的苦痛連結。除了與悲慟共處，我們也必須**採取行動**。

談到對悲慟採取行動，不是讓悲慟消失、遺忘或從悲慟中復原。悲慟還是我們的同伴，與我們同行，也是啓發我們在世界上做出慈悲行爲的原因。當我們因悲慟**採取行動**時，我們談的是公開、誠實且以尊敬的心情帶著悲傷活下去。

因悲慟而採取行動能夠賦予生命新的意義，即使這份新的意義是不請自來，即使爲了這份意義得要付出巨大的代價。當我們允許自己感受痛苦而不迴避，並允許我們的心保持敞開及優雅時，慈悲心油然升起。

但是悲慟之旅中，任何一段路都急不得，包括尋找意義以及慈悲的行動。即使是這些行動，也有可能遭到扭曲而變成迴避的手段或急著避開悲慟的舉動。

當我們的自我覺察加深，與擴展的對外覺察融合，呑沒兩者之間的虛空，此時我們全然處於悲慟之中，救贖的可能性才能實現。我們也許有機會從悲傷之中全身而退。這股內外的融合、自他的融合表達了我們與所愛逝者之間的關係。我們在心中與他們相會，然後找到方法把他們的精神帶到世界上。

所承受的痛苦轉爲表達出來的慈悲心。

悲慟變成給予。

※ ※ ※ ※ ※

有一天，正當我在等待針灸療程的時候，我注意到牆上貼了一句話：「我的穀倉被大火燒個精光，但我現在看得到月亮。」我第一個衝動是要把這句話撕下來，第二的衝動是任由自己坐在椅子上哭泣。

但是我只是帶著這種感覺坐在那兒，還坐了好一陣子。

在失去女兒夏安十幾年後，這句話的確道出我的心聲。

痛苦轉化成智慧。

唯有幫助自己，我們才能幫助他人。

42 善意計畫

我們的失落與我們的傷口彌足珍貴，
因為這些經驗讓我們對愛覺醒，採取行動。
——諾曼．費雪（Norman Fischer），美國作家、詩人及禪師

當時是十二月二十四號，自夏安過世後漫長的五個月，我終於鼓起足夠的勇氣走過玩具反斗城的走道，口袋中還有擤過鼻涕的衛生紙，帶著朦朧的想像，盲目買些玩具給我不認識的小孩們。我穿梭在走道中，身邊環繞著嬰兒和小孩子，身體因痛苦的情緒緊繃著，我想要從店裡哭著逃開，但我並沒有這麼做，我拿著自己找到的玩具去結帳櫃台付錢。

當天稍晚，我小心翼翼地包裝著每個禮物，並把它們放進一個巨大的白色垃圾

袋，我曾經用同樣的袋子裝著從棉白楊掉下來的枯葉。然後我又哭了。

這跟我計畫的不一樣。

這不是我要的。

我的世界每一秒粉碎一次，感覺難以承受。

我並沒有計畫要把這些玩具送出去，只知道如果我直接面對痛苦，也能感受到對她的愛。

所以我把東西裝上車，然後出發開上高速公路。一開始，我想去兒童病房，但是最後跑到當地的贏得先機計畫中心。我實在不想見到小孩，所以我把裝滿禮物的垃圾袋交給中心負責人。

她向我道謝。

我不希望別人向我道謝。

也不希望別人認同我的貢獻。

我大可把禮物放在門前，轉身離開，這樣我不至於太難受。但是我任由她不斷向我道謝。負責人告訴我，當天中心裡有六個男孩和八個女孩。

我回到車上，沒有發動車子，只是坐在那裡哭泣。

※ ※ ※ ※ ※

那個聖誕夜的經驗對我產生很大的影響，所以我開始不斷以匿名的方式做更多事，每次都是紀念夏安。

有一天我在鞋店不小心聽到兩位家長在討論，他們的四、五個孩子裡，到底誰該得到新鞋。他們正在做開學採購，雖然每個孩子都需要新鞋，但是他們只有一雙的預算。

我想到夏安，如果她還在，說不定我們那天還會一起採購。

我悄悄找到鞋店經理，給他足夠的錢，確保那幾個孩子都有新鞋穿。如果禮物卡還有餘額，就把餘額給那對父母。我把夏安的名字寫在一張小紙片上，和錢一起交給店長，然後離開。

當我把夏安帶到此刻當下，帶到我的痛苦和那個家庭的不幸之中，她的愛就存在這個世界。

我持續進行這一類舉動。

我注意到每一次隨機做出慷慨行爲的時候對我的療癒都很有幫助。

這就是善意計畫誕生的緣由。

⁂ ⁂ ⁂ ⁂ ⁂

善意計畫已經變成母親互助關懷協會（The MISS Foundation）的特色。

我們印出幾千張卡片，上面寫著：

隨手做善事，

紀念我們可愛的孩子。

前面一千張一週內就發完了。

我們印製更多不同語言的版本。

我們也爲形形色色的悲慟印製卡片，例如：喪慟的手足、配偶、祖父母，上至叔叔、伯伯、阿姨、姑姑，下至朋友。那些卡片上面寫著：

以隨機的善意行動紀念

善意計畫透過口耳相傳，不斷在不同的悲慟社群之中流傳。

二〇一一年七月二十七日，我們宣布這天為國際善意計畫日（International Kindness Project Day），全世界超過一萬人團結起來使用善意計畫卡片，以匿名方式從事隨機的善行，用以紀念摯愛的往生者。

從那時候開始，超過兩百萬樁透過善意計畫發生的善行，在美國及其他國家，例如羅馬尼亞、澳洲、巴拉圭、百慕達、荷蘭、西班牙、墨西哥、紐西蘭、智利、義大利、馬爾它以及更多地方出現。

一對夫妻匿名支付其他人的餐廳帳單，以紀念他們的兒子。

一位女士把一張二十美元的鈔票捲在善意計畫的卡片中，給陌生人機會發現。另一位女士手工縫製洋裝，運到海地送給小朋友，紀念她二十四年前死去的女兒。

一對夫妻支付了領養十六條狗的費用，紀念他們十六歲的兒子；然後把十七盆花隨機留在某輛車旁以紀念他們十七歲的女兒。

一個人去書店，買了一疊她最喜歡的童書，然後交給收銀員隨機送出，以紀念她再也沒有機會閱讀的女兒。

一個媽媽和她四歲的女兒把花束送到養老院，這位母親的兒子、也就是女孩的哥哥，還有小女孩的祖父母，都是她們紀念的對象。

一個人匿名整理她生病鄰居的後院，以紀念她的姪子。

另一個人在咖啡館幫排在她後面的人結帳，結果造成漣漪效應。很多在咖啡館裡面的人也開始幫其他人埋單。

談到參與善意計畫的經驗，一位女士表達了她的感受，我也曾經從其他人口中聽過相同的感想：「我很感激終於有一個機會讓我關心悲慟以外的世界，也知道自己仍然有能力點亮其他人的生命，感謝我的兒子，他教我如何愛。」

※ ※ ※ ※ ※

即使終其一生都會爲至愛者的逝去而悲慟，如果我們可以靠近最原始的傷口，誠心誠意的與之相處，我們就可以超越這份經驗，進而轉化。有意義的時刻會不斷發生。我們的心雖然碎了，卻完全敞開、持續敞開，向外對著他人，即使這讓我們跟其他人不同。

我們必然會以個人的方式體驗大我的存在。

雖然我們無法把摯愛的往生者抱在懷裡，但我們把他們抱在心裡。這就是**與悲慟共處**。

當我們太久沒有聽到他們歌唱時，我們轉而聆聽他們的細語，這就是**向悲慟臣服**。

當我們無法直視他們雙眼時，我們引導他們把慈悲的視線放在最需要的地方，這就是因悲慟**採取行動**。

在失去他們的每一刻裡，我們盡力爲他人做些事，這就是慈悲。

對於成爲一個完整的人來說，再也沒有比這個過程更核心、更必要的，究竟爲何如此，還是一個謎。

43 在了解痛苦之後

在不知道仁慈乃是內在最深刻的事物之前，
你必須認識悲慟，因為悲慟是除了仁慈之外，最深刻的事物。

——娜歐蜜．施哈．倪（Naomi Shihab Nye），美國作家

某個十月的下午，安娜打電話給我，她那天過得「不太順」。一年前，安娜四個月大的兒子賈瑞德因嬰兒猝死綜合症過世，之後她來找我。當時她說自己已經「超越自殺邊緣」，那是一種冷漠的狀態，她甚至無法集中足夠的力氣去想著自盡這件事。

當她致電時，已經是歇斯底里的狀態，我聽不懂她想表達什麼。最後，當她終於緩下來，跟上自己的呼吸時，她告訴我，依照我們之前的討論，她正在實行自我關懷。當時賈瑞德過世將近一年，安娜做了一些採購、並前往她最喜

歡的餐廳，享用她最喜歡的料理，結果一位懷胎跡象明顯的孕婦走了進來，跟她的朋友們一起坐在安娜附近。

她們在舉辦產前派對。

安娜覺得很不舒服。

她描述自己覺得很困惑、不知所措，還注意到一股讓她驚訝、針對眼前那位懷孕陌生人的憤怒在體內上升。安娜告訴我她很想轉過身跟那位正在慶祝的懷孕女士說：「省點力氣吧，**因爲有些嬰兒會死！**」

安娜盡力避免那股情緒爆發，但是她的心中充滿憤怒和自我怨恨，連飯都沒吃完就往餐廳門口走過去。

然後她暫停下來，做了一個深呼吸，拿出一張善意計畫卡，寫上賈瑞德的名字，匿名支付了產前派對的費用。

之後，她哭著打電話給我。

我們在電話中花了將近一個小時討論那股感受——既甜蜜又心酸、刺痛、光榮、痛苦又羞愧。

那一天稍晚時，我在母親互助關懷協會的網站上收到一封來信：「我的名字叫安，我是一名分娩及接生護士。我在今天舉辦產前派對，有人幫我們支付派對的費用，用來紀念她的兒子賈瑞德．麥可。如果您認識這個可愛的人，請您讓她知道她觸動了我們在場每一個人的生命，當我女兒生下來之後，有一天，她會知道，一個叫賈瑞德的天使曾經觸動我們。」

※　※　※　※　※

正是因爲理解受苦的過程，在最黑暗的地方、所有悲慘的臉孔裡，我們到達一個爲他人懷抱猛烈慈悲心的境界，或許有一天，這份慈悲心會用在我們身上。

憂傷之路並不好走，這條路既凶險、不安穩，又狹窄。

一路上我們可能會遇到一些人提供補給品：一些水、小份食物、愛的支持或指引、一小支蠟燭照亮道路、有人伸出援手幫助我們攀爬曾經失足掉落的壕溝，或者提供一小塊遮蔭處，好讓我們乘涼。這些相遇都種下種子。

這些善意的種子有一天會長成我們對他人慈悲的關懷。

這份關懷在某個時刻會茁壯，變成我們的遮蔭之處。

有的時候，從悲慟中破繭而出，轉向慈悲的行動極其緩慢。

其他時候，這份召喚又十分急促，就像完全沉浸於悲慟地震之後所發生的海嘯。

這就是我們的世界改變的方式。

曾經深深受苦的人理解生命的方式異於常人：他們知道，爲了獲得眞實與長久的滿足，我們的心必須向外打開，服務那些和我們一樣正在受苦的人。

因爲我與死亡同在，所以我與生命同在。

因爲我與悲慟和受苦同在，所以我認識喜悅和平靜。

44 猛烈慈悲心

自從她第一次悲慟開始，她就完全誕生和覺醒於這個世界上，一股無條件的慈悲心在她心中流動，就像溪水深深流入地底，透過這股悲心，她認識自己、他人還有世界。

——溫德爾．貝瑞（Wendell Berry），美國詩人、小說家

我保持正念，貼近悲慟初期的感受，用以紀念那股對初經歷悲慟者來說直接而無所不在的痛，我發現專注於悲慟初期的感受，能引導並加強我對猛烈慈悲心的體會。猛烈慈悲心是全然體會悲慟的另一個副產品。

慈悲的字根意思是「和……一同受苦」，慈悲心的展現在宗教、不同時代和文化中都受到重視。但是我們的文化卻與之背道而馳，反而要求我們好起來、修復傷口以及停止受苦——這麼做不但放大痛苦，也讓痛苦更複雜。

※※※※※

阿瑞是我的長子，兩歲的時候我教他認識螞蟻。

他已經知道我對動物的看法、我有多愛牠們，我收集一九七〇年代第一批「拯救鯨魚」活動的簽名，但是他還不明白我對螞蟻的感受。

我們跟他弟弟卡麥隆一起在外面散步，卡麥隆在推車裡，當我不小心踩到一隻螞蟻時，我大喊：「喔！不！」然後我向螞蟻道歉。正當我全神貫注避免踩到其他螞蟻時，我踩到這隻。

阿瑞看著我，受傷地說：「媽媽，妳殺死那隻螞蟻了嗎？」

「是的，親愛的，我不小心踩到牠。」

我可以看到他正在思考這件事，想了好一會兒。

「媽媽，我們不可以踩螞蟻。」

「對，寶貝，我們不能踩螞蟻，我們也不殺蟲、不吃動物。在不必要的狀況下，我們不要殺害其他生命。」

※※※※※

當阿瑞和他的兄弟姐妹長大時，他們開始質疑一隻螞蟻的生命價值，也對我小心翼翼用杯子抓起蟲蟻，放回自然的舉動有同樣的質疑。

朋友們也頗有微詞。有些人覺得我用這種價值觀教育小孩「特別瘋狂」。

我會跟朋友說，「如果這些小孩子學會連對蟲都要有慈悲心，你覺得當他們面對動物、其他的小孩或是另一個人的時候，會展現多少慈悲心呢？面對其他受苦的人、受傷而且需要善意者，這樣的孩子會不會釋出更多慈悲心對待他們呢？」

※※※※※

正是**慈悲心**，願和他人一同受苦的心，能幫助這個世界療癒。

身為人類，我們的任務是將慈悲心延伸到所有生命身上，不論生命或大或小，與我相同或非我族類，以及那些正在哀悼和受苦中的人，然後把這份慈悲心擴展到我們自己身上。

對自己的慈悲心也可以轉化成對他人的慈悲心。

對他人的慈悲心也可以展現成對自己的慈悲心。

毫無疑問的，因爲認識夏安的美好，我才能成爲今日更好的我。

因爲愛過她，我變成更好的人。

雖然我經常希望自己毋須因爲失去她而悲慟，但是因爲經歷過這份喪慟，所以我才成爲一個更好的人。

身爲一個失去孩子的母親，這是一項悲劇性的殊榮，縱然我並不要求，也從不想要。但這就是妳我要面對的現實，承受難以承受的傷痛。

正是悲慟者，才能從自滿的沉睡中覺醒。

正因有悲慟者，我們的世界才有療癒的能力。

45 馬兒雀瑪闊

初次平靜的體會是最重要的，
當人們明白自己與他人的關係、
天人合一的道理、
宇宙的力量，
還有當他們領會偉大靈魂存乎宇宙的中心時，
這股平靜焉然在眾生的靈魂中升起，
然而，這個中心無所不在，
因為它在我們每個人的內在之中。

——黑麋鹿（Black Elk）
北印地安奧格拉拉蘇族人，身兼獵人、戰士、巫醫及先知我一直想造訪大峽谷的哈瓦蘇瀑布，尤其是因爲夏安過世後，孩子們跟我一起拼拼圖時，發現拼圖缺了一片。那個地方就是我因承受猛烈慈悲心的陰影而把夏安的愛帶到世間之處。

從長達十六公里左右的步道起點開始，才走了五分鐘，我就看到讓人痛心的景象。一匹馬摔倒在地上，牠身負背包、帳篷和其他補給品，所有的東西都綁在一個木框裡面，堆在牠背上。一位年輕人希望這匹馬站起來，正在虐待牠。

我大聲地吼那個人。

他停下來直視我的眼睛，我的心臟怦怦地跳著，然後我開始哭泣。

大概是我的眼淚嚇到他了，他飛快地帶著四、五匹馬回到步道入口。

這匹馬還無助地躺在地上，朋友南希和我陪著牠。牠的頭和腿都壓在下面，血流不止。這匹馬不但虛弱，而且驚慌失措，牠所受的苦如此明顯。

我慢慢地彎下身來伸手想去安撫牠，牠縮了一下。

當其他登山客經過我們身邊的時候，我放聲大哭。

有些人停下來問我是否還好。

「這匹馬……，這匹馬受傷了！」我說，「有人虐待牠！」

但是沒人幫得上忙。因爲我們地處偏遠，沒有手機訊號，也不知道該打給誰，附近既沒有警察也沒有巡邏員。

我們把那些沉重的貨物從馬匹身上卸下來，我們也把用來固定貨物的馬鞍和木框卸下，牠背上和肚子敞開的傷口露出來。

這匹馬瘦得不成樣子，看得到皮膚下面一節一節的脊椎，牠的鬃毛和皮膚磨損得很厲害，凸顯牠兩邊的髖骨。

我站起來，頭開始暈，此生見識過最糟糕的狀況也不過如此。

這匹馬和我互相對望，然後牠讓我撫摸牠。突然一陣感覺襲來：多年前我曾經是這匹馬，我曾承受牠所受的苦，我懂牠的恐懼、絕望和無助，當時，我也站在死亡的關口。

我向牠承諾我會幫助牠。不知爲何，我知道，那一刻夏安也會參與其中。

當牠躺在地上休息時，我們在牠身邊坐了大約一個小時。身邊陸陸續續有人經過，東張西望，但是很少人看到這一幕的恐怖之處。

我從山邊拔了些僅有的草來給牠，當牠在我的大腿上歇息時，我撫摸著牠的頭。我不願離開牠，這個珍貴的生命，這匹馬就像我的兄弟、牠也是地球之子，就像我和所有人一樣。

我不斷告訴牠我有多抱歉，人類對牠做出這樣的行爲令我十分愧疚。

「我會把你帶出這裡。」我向牠發誓：「我承諾，我一定會幫助你……。」

當牠的主人回來時，我們提議以兩倍的價錢買下這匹馬。那個男人拒絕我們的提議。

我束手無策。

我沒辦法帶著這匹馬離開。

很難形容這股感受，就好像有一部份的我也被遺棄在那座山上。

回到車子裡，我的肚子感受到一股熊熊的憤怒，狂野又不羈，這是猛烈的慈悲心。

※ ※ ※ ※ ※

直到將近兩小時之後，我才能請熱線中心打電話。

我打給森林管理處、警長、聯邦調查局、當地警方、動物管理處；我打給立法委員、國會領導人物、馬匹救助服務、動物保護團體、警察總長、警察局長、律師。我打給同事、朋友和鄰居。

整整兩天，我連睡衣都沒換，打了將近上百通電話，寄了超過一百封郵件。

這個動物的生命很重要，但是我一再得到相同的答案，他們無能爲力。

但是我不打算就此住手。我沒辦法，我曾經望著這匹馬的靈魂，我愛牠。

最後有一個人，他是執法單位的警官，他聽到我的請願，設法組織政府要員團隊一同爲此努力。

※※※※※

在打了七通電話、寄了六封郵件、過了三天之後，我接到一通電話。

「凱恰托蕊博士，您能在多快的時間之內趕過來？」

「什麼？」我問道，很驚訝事情有了進展。因爲我一直得到勸我「放手吧！」的答案，他們都說，因爲這匹馬屬於原住民的管轄範圍，我無法使得上力。

「好的，女士……。」當時是下午四點左右。

我花了好幾個小時，不斷在電話上試著租或借用載送馬匹的拖車。到了晚上十點，透過一位我曾經幫助的喪慟父親的協助，我終於找到一輛拖車和兩位英勇的志願者，兩位男士都明白深刻的悲慟，並且自願一同跋涉到峽谷裡面拯救那一匹馬。他們在午夜時分開車上路，經過漫長的車程，在早上五點抵達花拉派山頂，然後他們健行將近二十六公里去拯救以及重新安置那匹馬。

我清晨兩點醒來禱告，然後就是等待，不斷等待。

四個小時之後，我收到一封簡訊：「拖車駕駛回報他們已經出來了……。」

他們告訴我，當他們用極度緩慢的速度帶著馬匹走出來，經過當地團體時，那些人看著他們點點頭，好像在說：「做得好。」

遊客們都被馬匹憔悴的模樣嚇到，紛紛向這些拯救牠的男人們道謝。

同時，我繼續等待。

他們把馬帶到我家來。當牠踏出拖車時，既猶豫又瘦弱，不但脫水還飽受驚嚇。

然後我們再次看到彼此。這匹馬的反應彷彿認出我說過要幫忙牠的承諾，一邊嘶嘶叫著，一邊直直向我走過來。

我將牠命名為雀瑪闊，這是皮馬族語，意思是「兩個靈魂相聚，擁有共同的命運。」

頭一個星期，沒有人知道牠是否撐得過去。

※　※　※　※　※

牠回家後頭幾天，相當虛弱。牠的傷口太深，在脊椎和髖的部位連毛和肉都蓋不住，直接見骨；腹部兩旁的肌肉都穿孔了。

雖然說牠的狀況離完全康復還有很長一段路要走，幸好前幾週我們已經看到牠的健康大幅進步。

※　※　※　※　※

雀瑪闊現在還在我家。目前牠是一匹療癒馬，也是我個案們的偉大老師。即使如今已經沒必要冒任何風險讓自己再度受傷，牠仍然選擇信任人類；即使牠很多年都沒有得到愛，牠卻毫無保留地愛。雖然牠曾經遭遇殘忍的對待，也經歷過恐懼，牠仍然友善而親切，雖然牠經歷多年的恐懼和孤獨，卻善於建立連結。牠也曾經承受難以承受的遭遇。

※※※※※

在雀瑪闊回家約莫半年之後，一位馬科獸醫前來探望牠。在檢查即將結束的時候，他遞給我一張發票，上面有他隨機幫雀瑪闊編造的生日，那個日期是一九九九年七月二十七日，夏安的生日。

我嚇到了，問他。「你是怎麼選日期的？」

他說：「我估計牠大約十五歲，所以我選一九九九年。」

「不是，不是。」我說：「你怎麼選到七月二十七日的？」

「我就選了探望牠的日子，然後輸入到電腦中。」

淚水盈滿我的眼眶。

「有什麼地方有問題嗎？」他擔心地問道。

「喔，沒事、沒事、沒事。」我回答他：「你處理得非常周到。」

※ ※ ※ ※ ※

不久之前，一位同事發了封電子郵件給我，他說這匹馬啓發和鼓舞很多顆破碎的心。他說：「有些時候，例如今天，我起床時會想著人生是否毫無意義？心中瀰漫著一片麻木感。然後我就會想到妳，我想著妳做的事情和妳的馬，我就有了動力起身下床，度過這一天。謝謝妳和妳勇猛的心。」

所有的生命都相互連結。

在痛苦的汪洋中，只要一丁點的愛，就能支撐許多眾生。

支持我幫助那匹馬的不只是慈悲心，在慈悲心的背後，我還需要有激進的態度，勇猛的精神讓我迅速行動，而且不達目的不放手。

然後我必須再次願意向我的痛臣服，在我有效率採取行動之前，我必須感受自己對馬兒、對自己，和對這個世界的悲慟。

46 未被理解的悲慟及創傷所造成的代價

母親問道：「你看到死神帶著我的小孩經過嗎？」

「有啊。」黑刺李樹叢回答，「但是，除非妳用心靠著我，讓我暖和起來，不然我不會告訴妳的。我快凍死了，全身覆蓋著冰，很僵硬。」

母親用盡全力把心貼在黑刺李上面，幫它取暖，刺深深穿透她的身體，鮮紅色的血大滴大滴的流下來。母親的心如此溫暖，整株黑刺李在黑暗的冬季夜晚綻放，長出綠葉。然後它告訴母親該往哪個方向走。

——安徒生童話．母親的故事

「妳好？」我說。

我聽到電話的另一端傳來沙啞的聲音，很明顯是一位年長的女士：「我想找凱恰托蕊博士。」

「我就是。」

「喔！我已經對妳有好感了。」她笑著說：「妳居然親自接電話！」

一兩天後我和瑪瑞娜在辦公室碰面，那是一個美麗的春日。當我打開門迎接她時，她正站在我辦公室窗戶外面欣賞著盛開的白色歐洲夾竹桃。

「喔天哪！妳好年輕喔！」她說，再次笑開：「妳真的是博士嗎？」

「照鏡子的時候看起來都比較老。」我自嘲。

瑪瑞娜是一位退休的心理學家，天生反骨，她熱愛奧勒岡州的海岸以及藝術，她說自從七年前獨生女凱希死於酗酒之後，自己便忙著「逃避悲慟」。在我們會面時，瑪瑞娜的苦悶形於色，但是我注意到，每當她感受到失去凱希的情緒時，她很快就會切換到比較輕鬆的話題，這樣的情形不斷重複。

經過一段時間，我們變得比較熟了，我才知道在孩子年紀還小的時候，她也曾酗酒，試圖自己用藥來處理一段幼時經歷的創傷。她說，每當她醉倒在沙發上不省人事時，年幼的凱希會試圖叫醒她。她還提到，重複產生的羞恥感和罪惡感是上癮的導火線。她不只用藥物來逃避自己的痛苦，她還用外遇、旅行甚至靈性活動試圖逃避。

當瑪瑞娜終於戒酒時，卻換凱希開始酗酒。瑪瑞娜三番兩次試圖拯救凱希，希望她不要步上自己的後塵，沉溺於酒精和各種癮頭。當凱希四十出頭時，她已經有兩個孩子，並且「像她媽媽一樣，變成一個徹底的酒鬼，重複自己唯一知道該怎麼做的事……」，然後在她四十三歲的時候，因爲濫用酒精，引起各式各樣的病痛纏身，凱希不得不住院。

當她住院的時候，她問瑪瑞娜：「媽媽，我會死嗎？」

瑪瑞娜向她保證她不會死，也告訴她一切都會沒事。

然而，兩天後，凱希走了。

※ ※ ※ ※ ※

凱希的死對瑪瑞娜來說太難承受，所以她乾脆放棄。她遠離家人和朋友，既不聊凱希的死，也完全不聊跟她有關的話題，只講一些雞毛蒜皮的事，同時，她也喪失對生命的熱情。

當瑪瑞娜找到我的時候，雖然她沒有用藥，但是逃避讓她的身體虛弱，而且完全與自己失去連結。

我們的個案諮商進行了三年，瑪瑞娜非常勤快。她把自己的生命時間表列出來，認出是哪些事件造成她對情緒缺乏包容。她研究自己的母親創傷性悲慟，還有歷代家族的失落經驗，然後她發現自己創造一個機制，就是刻意與自己的身體「保持一段距離」。她開始了解，浮現的這份傷痛是歷代以來沒有說出口，也沒有處理的傷痛。尤其是她父母所受的苦潛移默化變成她的，再加上孩提時遭受創傷，她根本無法獨自面對內在的混亂。一開始，她的傷痛會惡化是因爲她不斷逃避，母親也不斷逃避。這是一種失序的惡性循環，她不知道如何脫身。

經過一段時間，她學會信任我、信任彼此，還有她的悲慟。

以我們之間健康的關係作爲參考，她開始重新與朋友們接觸，她也開始重新連繫在世的三個兒子，與他們重新建立有意義的連結。然後她也慢慢開始跟自己眞實的情緒重新連結，並能夠一邊哭著講凱希的事，卻「絲毫沒有一點羞恥感」。她也持續書寫情緒日記，紀錄我們這三年共處的時光。

她注意到自己的心更敞開，也更柔軟，她開始視世界上所有的苦難爲自己的。她向我回報，自己內在批判的聲音居然自動消失了。她重拾對生命的熱情。

※ ※ ※ ※ ※

有一天瑪瑞娜來到我的辦公室，神情嚴肅，她說：「以前，若知道這個消息，我一定會喜出望外，急著到處分享，但是在跟妳諮商過後，事情不一樣了。」

我等她說。

「我快死了，」她說：「我得了癌症，時日不多，醫生說我大約還有六到九個月。」

我們兩個都流下眼淚。

我的心好痛，我越來越喜歡瑪瑞娜，也知道她的死會讓我深受打擊。

我們繼續做個案，我們討論的重心輪流放在她對凱希之死的悲慟，以及實際地幫助她做好準備，面對近在眼前的大限之日，我很少看到有人面對死亡的態度如此優雅。

我們一起吃了很多次的「可能是最後一頓飯」。

我幫助她把貓頭鷹圖騰、她最喜歡的帽子和圍巾分送給朋友。

在她過世前一個禮拜，她跟我說：「我現在沒事了。當年凱希先我而去的時候，我不知所措，但現在身邊好多人愛著我，人生如此，夫復何求，我滿懷感激。」

她希望自己過世時有三個人在場，我是其中一位。我們挑了她的喪曲、恩寵狀態（State of Grace）的「別怕」（Fear Not）。我們一起挑選她想放在棺木周圍的花，她預先安排自己的火葬。

過世時，她想要戴著自己最喜歡的紫色帽子。

她給我一封信，吩咐我在她死後再讀。信中寫道：「若沒有妳，我無法走得心平氣和，妳給了我一份豐厚的大禮，我愛妳，謝謝妳，我們會再相見的。」

我仍然想念她。

47 跨世代的悲慟

當石頭掉入池塘時，即使石頭已經沉到底部，
池水還是繼續發出漣漪。

——亞瑟．高登（Arthur Golden），美國小說家

蘿絲與尼可拉是我母親的雙親，他們沒有受過教育，是極度貧窮的西西里人，住在帕勒莫狹小的公寓裡。蘿絲是裁縫師，尼可拉則是熱愛演奏曼陀林的理髮師。她嚴格、直接又冷淡；他則是冷靜、內向又疏離。他們有三個孩子：瑪麗、喬瑟芬和薩爾瓦多。喬瑟芬就是我母親。

蘿絲和尼可拉的英文都不太流利，因此我多半是透過母親的翻譯才認識他們，我跟他們兩個都不親。

在二十世紀早期，西西里的日子不好過，小孩死掉是家常便飯，嬰兒的死亡率更

是高得嚇人。傳染病、資源不足、各種生產意外、營養不良，諸多原因讓冥府之門大大敞開。死亡殘酷無情，有時候一次帶走一家人。

※ ※ ※ ※ ※

在我祖母過世前兩週，我清理好幾箱陳舊的家庭照片，當時她七十九歲，我二十五歲。一張張的照片邊緣因爲手拿而磨損，照片上有些面孔已經幾乎難以辨認，我突然看到一張照片，是一個嬰兒騎在馬上。

我問蘿絲：「這是誰啊？」

她接過去，看著這張照片。

「這是喬瑟芬。」她說。

「喬瑟芬？她看起來跟我媽不像啊。」

「喔不是啦，」她說：「這是**第一個**喬瑟芬。」

「第一個喬瑟芬是什麼意思？」

帶著強烈的義大利口音，她試圖向我解釋她的第一個孩子名為喬瑟芬，一歲的時候死亡，她覺得她是因為肺炎過世的。

「所以我媽是第二個喬瑟芬，名字來自於第一個喬瑟芬？」

蘿絲說：「不是。」

她繼續解釋，**第一個**喬瑟芬死後不久，隔年她生了**第二個**孩子。也叫喬瑟芬，第二個喬瑟芬活了半年，然後在睡夢中死去。

為什麼我對這件事毫不知情？怎麼都沒人跟我說？

我祖母的第三個孩子取名為瑪麗，她活了下來。

她將第四個孩子再次取名為喬瑟芬，這就是我母親，第三個喬瑟芬。

我母親的父母共有五個孩子，實際上是五個，不是三個：喬瑟芬、喬瑟芬、瑪麗、喬瑟芬、薩爾瓦多。

她從沒有談過、也從沒有表達過悲慟，但是我知道悲慟深埋在她的靈魂之中。

我的祖母並不是一個溫暖的人，她安靜無聲、蒼白，並且缺乏對生命的熱情。我不知道她是否一直都是這樣，但是我相信不是。失去兩個疼愛的孩子，從來沒有機會好好爲她們的離開表達悲慟，這會改變一個人。這樣的改變會代代相傳。

※ ※ ※ ※ ※

壓抑的悲慟讓一個人心死，也會破壞家庭和樂，這份悲劇性的影響會像地下水一樣滲入群體和社會裡。選擇否認悲慟的正當性而節制情緒，這種做法很嚴苛。長達一世紀之久的美國原住民大屠殺抹滅了他們整個文化，這份歷史上的憎惡導致沒有幾個非原住民者或他們的政府願意回想，大多數人都不願承認，或甚至感受這份過往，更別提到補償。

跨越世代的創傷，又稱爲歷史的傷口，是眞實且相當具有力量的。這份力量透過家庭系統和文化系統展現。

深層的心理創傷以及近乎滅族的行動殺害了數不盡的原住民成人和孩子，他們被征服、當作奴隸、飽受折磨、壓迫、被迫分開，有些孩子遭到綁架，與家人和族人分離，這些都是災難性的創痛，這些人遭受歐洲佔據者及其後代的迫害，不堪的回憶都緘封在他們的腦海和心中。

瑪麗亞·黃馬·勇敢之心（Dr. Maria Yellow Horse Brave Heart）博士在她的著作中提出這類創傷的影響。這些創傷帶來的後遺症包括：創傷性壓力、憂鬱症症狀、極高的早夭率、身體虛弱、酗酒、對女性和孩童的家庭暴力，甚至對動物的暴力。上述所有狀況交織成一張脆弱的網，那上面風險重重，以至於受苦的循環一直持續，而這些痛苦都是外人所造成的。

她提出所謂懸而未決的歷史性創傷與悲慟六階段，第一個階段就叫做「無暇感受悲慟」。

當面臨這樣大規模、有系統、集體又毫不留情的恐怖行爲時，根本沒有時間悲慟，所以人們付出及其沉重的代價迴避悲慟。

但是我們不斷重複看到，悲慟需要被看見，也需要被聽見。悲慟需要一個抒發的管道。只要創傷性悲慟遭到壓抑、扭曲、噤聲還有內化，這些情緒只會用更多種破壞性的方式爆發出來。對個人來說如此，對家庭和文化來說更是如此。「無暇感受悲慟」或是忽略悲慟的需求，所造成的後果就是成癮症、虐待及暴力，而且這些暴力通常會發洩在弱小的對象身上，譬如孩童、女性、長輩或是動物。遇到壓抑的悲慟，最好的方式就是如實經驗這份情緒。

當我們學會完全進入自己的悲慟時，我們也會感受到他人的痛苦。在所有關係中，傷害都存在，不論是人與人之間、成人與孩子之間、人類對動物，或是孩子對動物。當我們因自己及他人的受苦而覺醒時，就可以開始採取行動，因時因地。這麼做可以降低傷害，而非增加傷害。

我們一定要對處於劣勢者伸出援手，展現慈悲心，因爲只要曾經受過慈悲以待，即便是經過一段時間慢慢感受到的，總會認識慈悲心。一旦認識慈悲心之後，即使是針對自己，也可以展現慈悲。

若從沒接受過，該如何給予？

48 悲慟高湯

時間流逝，邁向未來
過去曾有的與未來可能發生的都指向同一個方向，
那就是當下。

——艾略特（T.S Eliot），英美詩人

有一天我在爲一位朋友煮蔬菜高湯。

我在配方中放入我非常喜歡的一種香草：香菜。很可惜，她剛好屬於那個討厭香菜味道的族群。

我把香菜葉撈出來，但是對她來說於事無補。因爲香菜的味道已經融入紅蘿蔔、芹菜、綠花椰菜、芥藍、番茄、海鹽和大麥的味道裡。每一種味道都融合在高湯中，沒辦法分開、獨立或沖淡。

悲慟也是如此。

※　※　※　※　※

我從收容所領養了一隻流浪狗，那是有斑點的英式獒犬，當時是秋天，時值第一場雪落下之前。我幫她命名為瑪姬，小名瑪格。第一次看到她的時候，她又虛又瘻。原本她應該有約九十公斤重，結果只有三十公斤重。她走起路來屁股縮在身體下面，細長到難看的尾巴夾在兩支前腿和後腿中間，猶如驚弓之鳥。

我也滿心驚慌，因為我原以為自己能把她從其他人類加諸在她身上的恐懼中拯救出來。我空出行事曆上的時間，整整兩週，日日夜夜，只為了陪她、照顧她。我已經數不清自己坐著計程車來回在動物急診室和獸醫院之中奔波幾趟了。我不斷清理她的嘔吐物、許多個晚上沒睡，熬夜安撫她的恐懼、烹煮五種不同料理，直到她終於願意接受，吃了一兩口補充營養。

後來我們才發現，瑪格被前任主人餓到飢不擇食，只好吃玉米梗，結果梗塞在她的小腸中，她接受手術，移除玉米梗，回家之後，馬上能吃能喝。她的健康逐漸好轉，不管她多麼不舒服，她都會坐在我身旁，對我相當信任，已經對我產生好感。

我每天都帶她做四次短程散步。雀瑪闊和她感情很好，我想瑪格把牠當成一隻大狗，牠則把瑪格當成一匹小馬。手術後第三天，她突然變得相當虛弱，呼吸費力而急促。去獸醫那邊照了X光才知道她的肺已經不行了。

醫生告訴我，她的情況相當不樂觀，我的眼淚掉下來。瑪格坐在X光掃描台旁邊，身上蓋著專屬毛毯。我們則嘗試繼續挽救她，氧氣、營養液、點滴和抗生素都試過，但她的血管承受不了點滴。

天剛亮時，瑪格在家中床上過世，她瘦成皮包骨，而我的心碎得一蹋糊塗。

我肝腸寸斷，幾年前，女兒走了；幾個月前，爸媽走了；現在，瑪格走了。

我徹底崩潰。

⁂ ⁂ ⁂ ⁂ ⁂

接下來兩天，眼淚幾乎沒有停過。這條討喜的狗用一種很深刻的方式留在我心裡。

我既悲慟又憤怒，氣那些糟蹋她的人，也氣每天在世界上虐待孩子、動物、長輩還有任何脆弱的生命的人，這些對象最需要慈悲心和善意，卻沒有得到愛。

我哭到不能自己。我明明遇過其他更重大、更慘痛的失落，爲什麼這一次事件的影響卻嚴重得不成比例呢？

然後我想到香菜。

瑪格的死是一大鍋悲慟高湯中的其中一項材料。

失去她的痛和失去夏安的悲慟混合在一起，也包含我父母、伊莉莎白、泰芮和我身邊所有的死亡。這股悲慟關乎我生命中所有逝者。

悲慟有協同效應。所有單獨經歷的痛遠不及一次經驗所有失落的感受。

這份領悟提醒我停止質疑一波又一波拍打著我的悲慟，只要任由我的情緒展現出眞實的模樣。

※ ※ ※ ※ ※

兩天後，有一個推不掉的約，儘管我非常不情願，還是勉強打起精神整理自己，然後開車前往。開在前往獸醫院的同一條路上，想起曾經跟瑪格在這條路上來回好多遍。我哭了。

因爲感受到驚慌和憂傷，我哭得更加厲害。

腦海中，我自問那些關於存在的熟悉問題：**人死時究竟會發生麼事？動物死時究竟會發生什麼事？瑪格有感受到我的愛嗎？我爲她做得夠多嗎？瑪格是不是和夏安在一起呢？**

一台白色的凌志轎車停在我前面，後座有個大大的物品被搬來搬去。一瞬間，有顆腦袋從後座探出來，我以爲自己看到瑪格。

首先，我得說明一下，英式獒犬並非常見的自行培育品種，有斑點的英式獒犬更少見。帶著半信半疑，我慢慢靠近那輛車，並且（不顧危險）試著用我的手機拍了幾張照片。

那台凌志開進附近的社區，我尾隨著，心想自己要不是瘋了，就是已經正式變成狗跟蹤狂了。

那台車開上私人車道，我把車停在路邊等著。

正當我站在他家前面的街道上時，車主踏出他的車子。

我對他說：「抱歉我跟著你，」我解釋，「我沒有瘋，眞的。但是，你是不是有條英式獒犬？」

他語帶謹慎回答：「有啊。」

「有斑點嗎？」

他說：「對啊，她有斑點。」

「天吶！她也是**母的**？」

我心想這個時候，這位男士如果還沒開始害怕，至少也有點擔心了。

「嗯，是這樣的，我的狗剛剛死了。我試著救她，但是她就這樣走了。我真的很難過，然後我剛好在想狗是否有靈魂。」我胡言亂語，結結巴巴地說明著：「拜託，可以讓我看看你的狗嗎？」

「當然可以。」他說。

她淘氣地從車子裡面跳出來，這條狗長得簡直跟瑪格一模一樣，她的臉、顏色，甚至斑點分布的位置都好像。但是她顯然很健康，而且沒有遭到虐待。我彎下腰來摸摸她，狗主人告訴我，她的名字叫做克麗奧佩脫拉。

這位被我跟蹤的男士既善良又大方，我忍不住進一步向他作更多解釋。

我拿瑪格的照片給他看，他被瑪格的狀況嚇到了。我告訴他我有多希望瑪格活下去，還有她跟克麗奧佩脫拉長得有多像。我告訴他那些不眠的夜晚、清不完的嘔吐物、醫療過程、強迫餵食和擁抱。我跟他說，我看到克麗奧佩脫拉的時候眞有說不出的開心，因爲我眞的非常需要看到這樣的事。

他深具同情的傾聽我的敘述。他跟我說：「我眞的很敬佩妳試圖挽救她的生命，」他說：「不是每個人都能做到像妳這樣，謝謝妳。」

然後他對我伸出手問道：「請問您的名字是？」

「我叫喬安，但是朋友們都叫我喬喬。」我含著感激的眼淚回答他。

「喬喬，很高興認識妳，」他回答我：「我叫夏安。」

瑪格過世的時候，我爲何如此難過？

因爲悲慟就像一鍋高湯。因爲夏安過世、我的雙親往生、朋友也離世。我懂什麼是受苦，瑪格也懂，所有這些悲慟的味道融合起來，變成一種味道。

悲慟讓小我轉化成大我。

49 黑暗帶來的禮物

沒有人心懷感激的程度能與黑暗王國的倖存者相提並論。

——埃利・維瑟爾（Elie Wiesel），諾貝爾和平獎得主、意第緒語作家

凱莉是一位內向、自信、白手起家的女性，跟她的初戀情人結婚，然後在一家非營利藝術組織工作。十七年之後，在分娩時，她和先生理查一同經歷了第一個女兒的悲劇性死亡，她叫瑪德蓮。

凱莉不只遭受失去唯一孩子的痛，毫無慈悲心的醫療體制還在她的傷口上撒鹽。這種情形不啻在已發生的創傷性悲慟再加上絕望，讓她覺得處於這個世界很不安全，便開始躲入自我保護的繭中。

在瑪德蓮死後好幾年，她來找我，因爲她怕自己還來不及與在世的兩個女兒建立

連結之前就先過世。她們的名字分別是艾蓮娜和瑪德蓮。

自從失去瑪德蓮，凱莉的身體健康急速惡化，性情也改變不少。她不相信自己，也不相信別人。從前精明幹練的她不復存在。凱莉十分害怕悲慟，她怕自己墜入「痛苦的深淵」，所以她避免讓自己產生任何感受。爲了這麼做，她得封鎖所有跟瑪德蓮有關的回憶。

在瑪德蓮死亡之前，凱莉沒有太多悲慟的相關經驗。在那之後，她相信爲了保持健康、正常運作，還有當第二個女兒的好母親，她需要避開悲慟。所以她花費很多力氣嘗試避免想到瑪德蓮。不談論她、不看相片、「盡可能讓自己分心」、試圖保護自己不要經歷痛苦的情緒，因爲她怕沉重的悲慟會將她捲入憂鬱的情緒之中。

因爲無法承認瑪德蓮的存在，也無法承認悲慟的存在，她發現自己越來越冷漠、麻木、孤立和破碎。她說她覺得自己動彈不得，「就像自己創造了一座監牢，把自己關在裡面。我討厭這個新的自己，外表看起來若無其事，內在卻了無生氣又空虛，走向一條盡頭封閉的路。」

爲了「重新開始」，她主動聯絡我。

※　※　※　※　※

我們的諮商工作專注在找出她可以和瑪德蓮保持連結的各種方式。面對自己的悲慟，凱莉開始經驗強烈的情緒，這些都是她過去極力避免的。她再次看著瑪德蓮的相片，她開始相信和我之間的關係，以及承認瑪德蓮在我們關係之中的地位。

用凱莉的話來描述這個逐漸發展的過程就是「一段漫長而艱辛的時光」，因爲在那段期間，她經常感覺煩悶又緊張。而且她說她還感受到「深刻、強烈的痛，這股痛彷彿永遠不會結束。」不難看出爲什麼有人會想要擺脫這樣的苦悶，尋求解脫，但是凱莉的勇氣讓她繼續這個過程。

她寫著：

> 無法與自己的感受做更進一步的連結，讓我覺得自己很無能。我有種感覺，不論在工作上、在家或面對悲慟，我都是個失敗的人。心情沮喪和無知讓我感受到自己的脆弱，沒辦法好好度過這一關。我不確定自己是否又踏上一條不歸路，我允許自己感受浮現的任何種種，不管我需要多少時間。眞的過了好久好久，而且感覺起來很像走了很多痛苦的退路。但事實上，這就是我應該做的。最後，悲慟磨人的程度減少，悲慟的發生也越來越自然。我不再專注於悲慟之中的身處之處，而只專注於我對瑪德蓮的愛。這麼做幫我重新連結我對女兒眞實的感受。回頭看看，如果我沒有完整地、深刻地去經驗那份痛苦，沒有花那麼久的時間經歷，我不認爲自己能夠再次體會眞正的喜悅。

對凱莉來說，爲了失去瑪德蓮而悲慟是艱辛又緩慢的過程，時常令她卻步。最後她把自己交給悲慟，這份臣服創造出空間，在這個空間保留瑪德蓮神聖的存在，用來紀念她。

有一天，我收到她寫來的電子郵件：

喬博士：

妳常常說美好和悲慟是共同存在的，對嗎？自從我女兒過世之後，這個概念對我來說一直很難理解。在理論層面上，我懂。聽起來很合理。我也很努力嘗試要相信這個觀念。但是事實上，我從來沒體會過。本來每件事都很美好，但是從那天之後就不再。音樂、藝術、文學、自然、人、哲學，曾經如此重要的每件事情，意義大不如從前。我以爲自己對一切再也不會有所感受，只會去經驗曾經熱愛的一切的枯萎。但是最近我眞的開始感受到美好還是存在的，而且這些美好的存在反而更加強烈。我之所以直到現在才能眞正理解到這份美好的存在，是因爲我必須先完整經歷痛苦，才能擁有這份體會；不管痛苦持續多久，我任它停留——我現在很確定，這就是妳一直倡導的，只是身爲存在主義者，我必須要親自體驗。

妳是唯一一個沒有試圖說服我應該或不該怎麼感受的人，妳也沒有告訴我追憶她的死是錯的。而且，妳沒有催促我。

妳從不說些狗屁不通的道理，因此，我一直對妳心存感謝。

凱莉慢慢發覺她的悲慟能公開存在，並且擁有一股神祕的撫慰力量。現在，透過她在母親互助關懷協會的工作以及慈悲行動，她已經化悲慟爲行動，幫助其他失去孩子的父母親。

50

就我所知

路途越艱難，
淨化的程度越深刻。

——電影「火線大逃亡」（Seven Years in Tibet）

在清理一個舊抽屜裡面的東西時，我發現一張兒子七歲時寫的褪色便利貼紙條：

媽媽我要跟妳說
我愛妳勝過生命
妳是史上最棒的媽媽
當我這麼說的時候，可是認眞的！

這是我最小的兒子喬許寫的，這張紙條折成一個小正方形，裡面還包含一張我們發皺的合照。我把這張貼心的紙條放在一個大的收納盒，這個盒子裝滿許多無限美好的回憶，也收藏許多孩子們童年的珍貴提醒。

我承認相較於其他母親，我收藏這些紀念品的積極程度總是有過之而無不及。因爲生命中慘痛教訓所認識的眞理，就像每一位悲慟母親，我拚命囤積回憶。

我知道生命稍縱即逝，有些孩子會離開。

我也知道生命無法給我們任何承諾。

我知道在悲慟之中，原諒並不容易，尤其是原諒自己。

我知道酒精、藥物、宗教或書籍不能讓我免於痛苦。

我知道我們所愛的人可能隨時會走，也早晚會走，每個人都會面對這一天。

我知道控制是一種幻覺。

我知道只要和心愛的人共處，不管是一天、一年、十年、二十年以及五十年都不夠。

我知道生命無法買賣、也無法交換，無論付出再高的代價，都無法換回我們心愛之人的生命，就算我們拿命去換也一樣。

我知道一個秘密，生命會繼續，但是從此之後，日子再也不一樣了。

※ ※ ※ ※ ※

當我覺察自己對痛苦的敏感度時，我注意到恐懼持續輕輕低響，有一份畏懼總是無法安心，我提醒自己「害怕再度失去」十分正常，而企圖得到某種保證或保護去避免更多創傷和悲慟，則是無可厚非。

但是我知道這是痴人說夢。

我們都是由受苦和失落所連結的，除非不去愛，我們才能避免悲慟。

你的眼淚永遠不會只爲自己流，我的眼淚也不只爲自己流。

想像我們掉下的眼淚流入家附近的小溪中，然後流入幾公里之外的河流，河流又流入憂傷的大海。其他的溪流、河水也承載著同樣的眼淚流入憂傷之海，這些眼淚來自許多母親、父親、姐妹、兄弟、祖父母、情人、配偶、朋友、姑姑阿姨、叔叔伯伯、鄰居和陌生人，這些人也都經歷悲慟，以及深深的哀悼。

分離的迷思是一種幻象，保護我們遠離自己的脆弱；分離是一種海市蜃樓，扼殺我們對連結眞正的體認。

憂傷的大海將萬事萬物合而爲一，從已知到未知，從智慧進入驚嘆、從疑問進到偉大的奧秘之中，穿越古今、橫跨地理版圖，也超越文化。

你所掉的每一滴眼淚，以及許多其他人掉下的無數眼淚，貫穿時間和空間，變成愛與悲慟這片廣闊海洋中包含的故事，和其中的水滴。

※ ※ ※ ※ ※

當我們和自己的情感失去連結時，不但會缺乏對自己和他人的慈悲，**也會衍生不必要的痛苦**，這份傷痛在一個又一個的故事裡流傳，我們一再看到，如果悲慟不見光明，遭受拒絕、否認及壓抑，會造成嚴重的後果。就像我們自傳中關於失落那一章被上了鎖，藏起來。

失去所愛之人帶來的痛迥異於其他的痛，這份痛苦確確實實屬於我們。與悲慟共處的痛苦讓人害怕，但是當我們誠實的活出這一份悲慟，就有一種神秘的力量加深我們生命的意義。

這是悲慟的禮物，也是悲慟的詛咒。

當我們深入自己有限的生命，以及所愛之人的生命時，我們對萬事萬物的感激更加深刻。

因爲碰觸到一股活力和豐富感，我們開始甦醒。

我們隨時有可能失去所愛之人。

我們也終將一死。
我們了解每一刻都蘊藏秘密。
每個呼吸都是一份奉獻。
人生每多活一刻都如此獨一無二。
生命唯一提供的，就是一個稍縱即逝的保證，就是此刻當下是我們僅有的。
這個領悟讓我們如釋重負，同時提心吊膽。

後記

試煉倖存者必須說出自己的故事，
這是他的責任。

——埃利．維瑟爾（Elie Wiesel）

窗外一片漆黑，我坐在火車上，剛結束東岸演說巡迴，正在返家途中，當時火車正穿越新墨西哥州的席柏拉國家森林。

我在餐車排隊等候帶位，旁邊站著一位中年婦女和她女兒。因爲火車的設計，座位都是四人座，我必須和人併桌用餐，我們是隊伍裡最後面的，所以那張桌子只有我們三個。

我們閒聊了幾句，我抱怨我已經受夠早餐、午餐和晚餐都得吃一樣的全素漢堡。

她們聊兄弟姐妹和自己栽種食物，然後問我從哪裡上車。

就像這趟旅程中不斷發生的一樣，我們的話題到最後做了一個熟悉而試探似性的轉折，她問我爲什麼搭火車，我告訴她答案。

「喔！老天啊，」她說「創傷性死亡？哇！」她看著她女兒。「我先生兩年前剛過世。他被診斷罹患癌症，十九天之後就走了。」她聊著自己的悲慟、全家人的悲慟，還有因爲她的信仰，相信他們會重逢，這樣的信念支持她和孩子們走過來。我知道她的女兒二十二歲，對母親笑得很甜，然後我發現自己在想，如果夏安還活著，當時也應該快二十二歲了，她會那樣對著我笑嗎？

那位女士直接問我是否曾失去某個人，這個原因是否成爲我工作的動力。奇怪的是，過去六週以來碰到許多人，卻沒人提起這個問題。

一瞬間我在心中天人交戰，思索該怎麼回答才好，因爲這個答案一點都不像愉快的用餐話題。但我還是回答了，只是答案非常簡短：「很久之前我失去一個孩子。」

「我希望妳不介意我這麼問，這個孩子是排行老大嗎？」

「不是。」我說，「我那個女兒在五個孩子中排行老四。」

「喔天哪，這個也是。」她指指旁邊跟我們坐在一起的女兒，「夏安是家中五個孩子的老四。」

現在我終於知道爲什麼在這趟奇特的旅程中，享用最後一餐時，我會**那麼**高興有她們的陪伴。

之後，我返回車廂，然後哭泣。

致謝

本書是由專家意見以及喪慟者經驗所構成的。我和您一同探索這些關於悲慟與愛的眞實故事，未經修改。這些故事來自於二十年的個人經驗、親身體驗的練習及研究。有些人使用化名，不介意公開者則使用本名。對於以下朋友，以及過去十幾年來支持我工作的所有朋友，我永懷感謝：喬、奧茲、凱莉、女兒瑪德蓮；戴夫、卡拉、其子西奧；蜜拉白和女兒珍妮、瑪雅、兒子羅南、元氣與弦弘；羅博特・史特婁博士、其女愛蜜莉；約翰博士及妮琪狄佛蘭、蓋博・馬特博士、彼得巴爾博士、傑夫・華柏頓博士、義母伊莉莎白・庫伯勒—羅斯博士，我在亞利桑那州州立大學的同事們，特別是帕茲・若麗塔及欣蒂・列茲兩位博士、茹絲・費列茲博士、藍溪・艾瑞克・藍溪博士、羅博特・尼邁爾博士，肯尼士・都卡博士、傑若姆・偉克菲德博士、艾倫·法蘭西斯博士、歐文·亞隆博士。

我想要表達我和其他父母親、配偶、孩子們共同感受的悲慟，也感謝這些人讓我說出他們的失落故事，還有過去十幾年來我曾經諮商的成千上萬個喪慟家庭。我很榮幸能獲得他們的信任，參與他們生命之中最重要的部份。

我深懷感激，向喬許·巴托克合掌，他是我的編輯，因爲相信我工作的重要性，而鼓勵我寫下此書。最後我想感謝我美麗的孩子們：阿曼、卡麥隆、史蒂飛·喬、夏安及約書亞，謝謝你們支持我的工作，即使這份工作減少我們闔家相處的時間。謝謝你們看到全世界許多團體的需求，願意犧牲「正常的家庭生活」來幫助許許多多的人，我對你們的愛難以言喻。

作者介紹

喬安・凱恰托蕊博士與悲慟有著深刻而多重的關係，她曾在一九九四年七月二十七日經歷失去新生女兒的悲慟。這悲劇性的一刻猛推了她一把，縱然並非自願，她卻從此踏上創傷性悲慟的一途。超過二十年來，她致力於直接體驗悲慟，以此做爲練習，幫忙全球六大洲經歷創傷性悲慟的人們。身爲亞利桑那州州立大學的副教授，十幾年來她持續悲慟的相關研究及書寫，並且擔任創傷與悲慟專題課程的負責人。除此之外她還是一個國際性民間組織「母親互助關懷協會」（The MISS Foundation）的發起人，該組織致力協助任何痛失孩子的家庭，不論年齡或死因爲何。從一九九六年開始，她指導機構成員如何爲這些家庭服務以及開設臨床教育課程。

凱恰托蕊本身是受戒禪師，服務於禪蔓道場（Zen Garland），及其位於紐約市外的兒童悲慟中心。她也正在亞利桑那州瑟多納城外打造「席拉之家」（Selah House），其意爲關懷農莊，此地也是創傷性悲慟中途之家。農莊的目的是爲了提供團體互助療癒，旨在透過不同的方法，像是園藝、冥想、瑜珈、小組活動、與動物互動以及其他非醫療性的方式，協助遭受失落者重新與自我、與他人及大自然連結。關懷農莊中所有動物都是從受虐邊緣及忽視狀態搶救回來的動物。

因爲演說廣受好評，在創傷性失落的領域極具專業，凱恰托蕊博士的研究曾刊登在許多專業的期刊，如《柳葉刀》（*The Lancet*）、《社會及健康照護》（*Social Work and Heathcare*）以及《死亡研究》（*Death Studies*）。

她獲得內布拉斯加林肯大學博士學位，學士及碩士學位則是在亞利桑那州州立大學的心理學學位。她的文章也曾刊登於主流媒體，譬如《時人雜誌》（*People*）、《新聞周刊》（*NewsWeek*）、《紐約時報》（*New York Times*）、《波士頓全球報》（*Boston Globe*）、CNN、國家公共電台及《洛杉磯時報》（*Los Angeles Times*）。因爲她爲遭受創傷性悲慟者提供的同理心服務，使她獲得許多地方性及全國性的獎項。

她常至各地出差，但是大部份的時間都待在亞利桑那州的瑟多納陪伴家人及收容的三隻狗狗們。她還養了三匹馬，這些馬匹在「拯救馬匹，拯救人類」（Rescue Horses Rescue People）的馬匹療癒計畫中擔任重要角色。

橡樹林文化 ❖❖ 衆生系列 ❖❖ 書目

JP0001	大寶法王傳奇	何謹◎著	200 元
JP0002X	當和尚遇到鑽石（增訂版）	麥可・羅區格西◎著	360 元
JP0003X	尋找上師	陳念萱◎著	200 元
JP0004	祈福 DIY	蔡春娉◎著	250 元
JP0006	遇見巴伽活佛	溫普林◎著	280 元
JP0009	當吉他手遇見禪	菲利浦・利夫・須藤◎著	220 元
JP0010	當牛仔褲遇見佛陀	蘇密・隆敦◎著	250 元
JP0011	心念的賽局	約瑟夫・帕蘭特◎著	250 元
JP0012	佛陀的女兒	艾美・史密特◎著	220 元
JP0013	師父笑呵呵	麻生佳花◎著	220 元
JP0014	菜鳥沙彌變高僧	盛宗永興◎著	220 元
JP0015	不要綁架自己	雪倫・薩爾茲堡◎著	240 元
JP0016	佛法帶著走	佛朗茲・梅蓋弗◎著	220 元
JP0018C	西藏心瑜伽	麥可・羅區格西◎著	250 元
JP0019	五智喇嘛彌伴傳奇	亞歷珊卓・大衛一尼爾◎著	280 元
JP0020	禪　兩刃相交	林谷芳◎著	260 元
JP0021	正念瑜伽	法蘭克・裘德・巴奇歐◎著	399 元
JP0022	原諒的禪修	傑克・康菲爾德◎著	250 元
JP0023	佛經語言初探	竺家寧◎著	280 元
JP0024	達賴喇嘛禪思 365	達賴喇嘛◎著	330 元
JP0025	佛教一本通	蓋瑞・賈許◎著	499 元
JP0026	星際大戰・佛部曲	馬修・波特林◎著	250 元
JP0027	全然接受這樣的我	塔拉・布萊克◎著	330 元
JP0028	寫給媽媽的佛法書	莎拉・娜塔莉◎著	300 元
JP0029	史上最大佛教護法一阿育王傳	德千汪莫◎著	230 元
JP0030	我想知道什麼是佛法	圖丹・卻淮◎著	280 元
JP0031	優雅的離去	蘇希拉・布萊克曼◎著	240 元
JP0032	另一種關係	滿亞法師◎著	250 元
JP0033	當禪師變成企業主	馬可・雷瑟◎著	320 元
JP0034	智慧 81	偉恩・戴爾博士◎著	380 元
JP0035	覺悟之眼看起落人生	金菩提禪師◎著	260 元
JP0036	貓咪塔羅算自己	陳念萱◎著	520 元
JP0037	聲音的治療力量	詹姆斯・唐傑婁◎著	280 元
JP0038	手術刀與靈魂	艾倫・翰彌頓◎著	320 元
JP0039	作為上師的妻子	黛安娜・J・木克坡◎著	450 元
JP0040	狐狸與白兔道晚安之處	庫特・約斯特勒◎著	280 元
JP0041	從心靈到細胞的療癒	喬思・慧麗・赫克◎著	260 元
JP0042	27% 的獲利奇蹟	蓋瑞・賀許伯格◎著	320 元

JP0043	你用對專注力了嗎？	萊斯・斐米博士◎著	280 元
JP0044	我心是金佛	大行大禪師◎著	280 元
JP0045	當和尚遇到鑽石 2	麥可・羅區格西◎等著	280 元
JP0046	雪域求法記	邢肅芝（洛桑珍珠）◎口述	420 元
JP0047	你的心是否也住著一隻黑狗？	馬修・約翰史東◎著	260 元
JP0048	西藏禪修書	克莉絲蒂・麥娜麗喇嘛◎著	300 元
JP0049	西藏心瑜伽 2	克莉絲蒂・麥娜麗喇嘛◎等著	300 元
JP0050	創作，是心靈療癒的旅程	茱莉亞・卡麥隆◎著	350 元
JP0051	擁抱黑狗	馬修・約翰史東◎著	280 元
JP0052	還在找藉口嗎？	偉恩・戴爾博士◎著	320 元
JP0053	愛情的吸引力法則	艾莉兒・福特◎著	280 元
JP0054	幸福的雪域宅男	原人◎著	350 元
JP0055	貓馬麻	阿義◎著	350 元
JP0056	看不見的人	中沢新一◎著	300 元
JP0057	內觀瑜伽	莎拉・鮑爾斯◎著	380 元
JP0058	29 個禮物	卡蜜・沃克◎著	300 元
JP0059	花仙療癒占卜卡	張元貞◎著	799 元
JP0060	與靈共存	詹姆斯・范普拉◎著	300 元
JP0061	我的巧克力人生	吳佩容◎著	300 元
JP0062	這樣玩，讓孩子更專注、更靈性	蘇珊・凱瑟・葛凌蘭◎著	350 元
JP0063	達賴喇嘛送給父母的幸福教養書	安娜・芭蓓蔻爾・史蒂文・李斯◎著	280 元
JP0064	我還沒準備說再見	布蕾克・諾爾＆帕蜜拉・D・布萊爾◎著	380 元
JP0065	記憶人人 hold 得住	喬許・佛爾◎著	360 元
JP0066	菩曼仁波切	林建成◎著	320 元
JP0067	下面那裡怎麼了？	莉莎・瑞金◎著	400 元
JP0068	極密聖境・仰桑貝瑪貴	邱常梵◎著	450 元
JP0069	停心	釋心道◎著	380 元
JP0070	聞盡	釋心道◎著	380 元
JP0071	如果你對現況感到倦怠……	威廉・懷克羅◎著	300 元
JP0072	希望之翼： 倖存的奇蹟，以及雨林與我的故事	茱莉安・柯普科◎著	380 元
JP0073	我的人生療癒旅程	鄧嚴◎著	260 元
JP0074	因果，怎麼一回事？	釋見介◎著	240 元
JP0075	皮克斯動畫師之紙上動畫《羅摩衍那》	桑傑・帕特爾◎著	720 元
JP0076	寫，就對了！	茱莉亞・卡麥隆◎著	380 元
JP0077	願力的財富	釋心道◎著	380 元
JP0078	當佛陀走進酒吧	羅卓・林茲勒◎著	350 元
JP0079	人聲，奇蹟的治癒力	伊凡・德・布奧恩◎著	380 元
JP0080	當和尚遇到鑽石 3	麥可・羅區格西◎著	400 元
JP0081	AKASH 阿喀許靜心 100	AKASH 阿喀許◎著	400 元
JP0082	世上是不是有神仙：生命與疾病的真相	樊馨蔓◎著	300 元

JP0083	生命不僅僅如此—辟穀記（上）	樊馨蔓◎著	320 元
JP0084	生命可以如此—辟穀記（下）	樊馨蔓◎著	420 元
JP0085	讓情緒自由	茱迪斯・歐洛芙◎著	420 元
JP0086	別癌無恙	李九如◎著	360 元
JP0087	甚麼樣的業力輪迴，造就現在的你	芭芭拉・馬丁&狄米崔・莫瑞提斯◎著	420 元
JP0088	我也有聰明數學腦：15堂課激發被隱藏的競爭力	盧采嫻◎著	280 元
JP0089	與動物朋友心傳心	羅西娜・瑪利亞・阿爾克蒂◎著	320 元
JP0090	法國清新舒壓著色畫 50：繽紛花園	伊莎貝爾・熱志－梅納&紀絲蘭・史朵哈&克萊兒・摩荷爾－法帝歐◎著	350 元
JP0091	法國清新舒壓著色畫 50：療癒曼陀羅	伊莎貝爾・熱志－梅納&紀絲蘭・史朵哈&克萊兒・摩荷爾－法帝歐◎著	350 元
JP0092	風是我的母親	熊心、茉莉・拉肯◎著	350 元
JP0093	法國清新舒壓著色畫 50：幸福懷舊	伊莎貝爾・熱志－梅納&紀絲蘭・史朵哈&克萊兒・摩荷爾－法帝歐◎著	350 元
JP0094	走過倉央嘉措的傳奇：尋訪六世達賴喇嘛的童年和晚年，解開情詩活佛的生死之謎	邱常梵◎著	450 元
JP0095	【當和尚遇到鑽石 4】愛的業力法則：西藏的古老智慧，讓愛情心想事成	麥可・羅區格西◎著	450 元
JP0096	媽媽的公主病：活在母親陰影中的女兒，如何走出自我？	凱莉爾・麥克布萊德博士◎著	380 元
JP0097	法國清新舒壓著色畫 50：璀璨伊斯蘭	伊莎貝爾・熱志－梅納&紀絲蘭・史朵哈&克萊兒・摩荷爾－法帝歐◎著	350 元
JP0098	最美好的都在此刻：53 個創意、幽默、找回微笑生活的正念練習	珍・邱禪・貝斯醫生◎著	350 元
JP0099	愛，從呼吸開始吧！回到當下、讓心輕安的禪修之道	釋果峻◎著	300 元
JP0100	能量曼陀羅：彩繪內在寧靜小宇宙	保羅・霍伊斯坦、狄蒂・羅恩◎著	380 元
JP0101	爸媽何必太正經！幽默溝通，讓孩子正向、積極、有力量	南琦◎著	300 元
JP0102	舍利子，是甚麼？	洪宏◎著	320 元
JP0103	我隨上師轉山：蓮師聖地溯源朝聖	邱常梵◎著	460 元
JP0104	光之手：人體能量場療癒全書	芭芭拉・安・布藍能◎著	899 元
JP0105	在悲傷中還有光：失去珍愛的人事物，找回重新聯結的希望	尾角光美◎著	300 元
JP0106	法國清新舒壓著色畫 45：海底嘉年華	小姐們◎著	360 元
JP0108	用「自主學習」來翻轉教育！沒有課表、沒有分數的瑟谷學校	丹尼爾・格林伯格◎著	300 元
JP0109	Soppy 愛賴在一起	菲莉帕・賴斯◎著	300 元
JP0110	我嫁到不丹的幸福生活：一段愛與冒險的故事	琳達・黎明◎著	350 元
JP0111	TTouch® 神奇的毛小孩按摩術——狗狗篇	琳達・泰林頓瓊斯博士◎著	320 元
JP0112	戀瑜伽・愛素食：覺醒，從愛與不傷害開始	莎朗・嘉儂◎著	320 元
JP0113	TTouch® 神奇的毛小孩按摩術——貓貓篇	琳達・泰林頓瓊斯博士◎著	320 元

JP0114	給禪修者與久坐者的痠痛舒緩瑜伽	琴恩·厄爾邦◎著	380 元
JP0115	純植物·全食物：超過百道零壓力蔬食食譜，找回美好食物真滋味，心情、氣色閃亮亮	安潔拉·立頓◎著	680 元
JP0116	一碗粥的修行：從禪宗的飲食精神，體悟生命智慧的豐盛美好	吉村昇洋◎著	300 元
JP0117	綻放如花——巴哈花精靈性成長的教導	史岱方·波爾◎著	380 元
JP0118	貓星人的華麗狂想	馬喬·莎娜◎著	350 元
JP0119	直面生死的告白——一位曹洞宗禪師的出家緣由與說法	南直哉◎著	350 元
JP0120	OPEN MIND！房樹人繪畫心理學	一沙◎著	300 元
JP0121	不安的智慧	艾倫·W·沃茨◎著	280 元
JP0122	寫給媽媽的佛法書：不煩不憂照顧好自己與孩子	莎拉·娜塔莉◎著	320 元
JP0123	當和尚遇到鑽石 5：修行者的祕密花園	麥可·羅區格西◎著	320 元
JP0124	貓熊好療癒：這些年我們一起追的圓仔 ~~ 頭號「圓粉」私密日記大公開！	周咪咪◎著	340 元
JP0125	用血清素與眼淚消解壓力	有田秀穗◎著	300 元
JP0126	當勵志不再有效	金木水◎著	320 元
JP0127	特殊兒童瑜伽	索妮亞·蘇瑪◎著	380 元
JP0128	108 大拜式	JOYCE（翁憶珍）◎著	380 元
JP0129	修道士與商人的傳奇故事：經商中的每件事都是神聖之事	特里·費爾伯◎著	320 元
JP0130	靈氣實用手位法——西式靈氣系統創始者林忠次郎的療癒技術	林忠次郎、山口忠夫、法蘭克·阿加伐·彼得◎著	450 元
JP0131	你所不知道的養生迷思——治其病要先明其因，破解那些你還在信以為真的健康偏見！	曾培傑、陳創濤◎著	450 元
JP0132	貓僧人：有什麼好煩惱的喵～	御誕生寺（ごたんじょうじ）◎著	320 元
JP0133	昆達里尼瑜伽——永恆的力量之流	莎克蒂·帕瓦·考爾·卡爾薩◎著	599 元
JP0134	尋找第二佛陀·良美大師——探訪西藏象雄文化之旅	寧艷娟◎著	450 元
JP0135	聲音的治療力量：修復身心健康的咒語、唱誦與種子音	詹姆斯·唐傑婁◎著	300 元
JP0136	一大事因緣：韓國頂峰無無禪師的不二慈悲與智慧開示（特別收錄禪師台灣行腳對談）	頂峰無無禪師、天真法師、玄玄法師◎著	380 元
JP0137	運勢決定人生——執業 50 年、見識上萬客戶資深律師告訴你翻轉命運的智慧心法	西中　務◎著	350 元
JP0138	心靈花園：祝福、療癒、能量——七十二幅滋養靈性的神聖藝術	費絲·諾頓◎著	450 元
JP0139	我還記得前世	凱西·伯德◎著	360 元
JP0140	我走過一趟地獄	山姆·博秋茲◎著 貝瑪·南卓·泰耶◎繪	699 元
JP0141	寇斯的修行故事	莉迪·布格◎著	300 元

眾生系列　JP0143

如果用心去愛，必然經歷悲傷：

你不必故作堅強，也可以盡情哭泣；被痛苦撐開的心，能裝進更多的愛。

Bearing the Unbearable: Love, Loss, and the Heartbreaking Path of Grief

作　　者／喬安・凱恰托蕊（Joanne Cacciatore,PhD）
譯　　者／袁筱晴
責任編輯／游璧如
業　　務／顏宏紋

總 編 輯／張嘉芳
出　　版／橡樹林文化
城邦文化事業股份有限公司
104 台北市民生東路二段 141 號 5 樓
電話：(02)2500-7696　傳眞：(02)2500-1951
發　　行／英屬蓋曼群島商家庭傳媒股份有限公司城邦分公司
104 台北市中山區民生東路二段 141 號 2 樓
客服服務專線：(02)25007718；25001991
24 小時傳眞專線：(02)25001990；25001991
服務時間：週一至週五上午 09:30 ～ 12:00；下午 13:30 ～ 17:00
劃撥帳號：19863813　戶名：書虫股份有限公司
讀者服務信箱：service@readingclub.com.tw
香港發行所／城邦（香港）出版集團有限公司
香港灣仔駱克道 193 號東超商業中心 1 樓
電話：(852)25086231　傳眞：(852)25789337
馬新發行所／城邦（馬新）出版集團【Cité (M) Sdn.Bhd. (458372 U)】
41, Jalan Radin Anum, Bandar Baru Sri Petaling,
57000 Kuala Lumpur, Malaysia.
電話：(603) 90578822　傳眞：(603) 90576622
Email：cite@cite.com.my

內文排版／歐陽碧智
封面設計／兩棵酸梅
印　　刷／韋懋實業有限公司

初版一刷／ 2018 年 6 月
ISBN ／ 978-986-5613-75-4
定價／ 380 元

城邦讀書花園
www.cite.com.tw

國家圖書館出版品預行編目（CIP）資料

如果用心去愛，必然經歷悲傷 / 喬安・凱恰托蕊（Joanne Caccitore）著；袁筱晴譯．-- 初版．-- 臺北市：橡樹林文化，城邦文化出版：家庭傳媒城邦分公司發行，2018.06
面；　公分．--（眾生：JP0143）
譯自：Bearing the unbearable : love, loss, and the heartbreaking path of grief
ISBN 978-986-5613-75-4（平裝）

1. 失落　2. 悲傷

176.5　　107008089

廣	告	回	函

北區郵政管理局登記證
北 台 字 第 10158 號

郵資已付　免貼郵票

104 台北市中山區民生東路二段 141 號 5 樓

城邦文化事業股份有限公司

橡樹林出版事業部　收

請沿虛線剪下對折裝訂寄回，謝謝！

|橡|樹|林|

書名：如果用心去愛，必然經歷悲傷　書號：JP0143

橡樹林文化

讀者回函卡

感謝您對橡樹林出版社之支持，請將您的建議提供給我們參考與改進；請別忘了給我們一些鼓勵，我們會更加努力，出版好書與您結緣。

姓名：＿＿＿＿＿＿＿＿ □女 □男 生日：西元＿＿＿＿＿年

Email：＿＿＿＿＿＿＿＿＿＿＿＿＿＿＿＿

●您從何處知道此書？

□書店 □書訊 □書評 □報紙 □廣播 □網路 □廣告 DM

□親友介紹 □橡樹林電子報 □其他＿＿＿＿＿＿

●您以何種方式購買本書？

□誠品書店 □誠品網路書店 □金石堂書店 □金石堂網路書店

□博客來網路書店 □其他＿＿＿＿＿＿

●您希望我們未來出版哪一種主題的書？（可複選）

□佛法生活應用 □教理 □實修法門介紹 □大師開示 □大師傳記

□佛教圖解百科 □其他＿＿＿＿＿＿

●您對本書的建議：

＿＿＿＿＿＿＿＿＿＿＿＿＿＿＿＿

＿＿＿＿＿＿＿＿＿＿＿＿＿＿＿＿

＿＿＿＿＿＿＿＿＿＿＿＿＿＿＿＿

非常感謝您提供基本資料，基於行銷及客戶管理或其他合於營業登記項目或章程所定業務需要之目的，家庭傳媒集團（即英屬蓋曼群商家庭傳媒股分有限公司城邦分公司、城邦文化事業股分有限公司、書虫股分有限公司、墨刻出版股分有限公司、城邦原創股分有限公司）於本集團之營運期間及地區內，將不定期以 MAIL 訊息發送方式，利用您的個人資料於提供讀者產品相關之消費與活動訊息，如您有依照個資法第三條或其他需服務之務，得致電本公司客服。

我已經完全了解左述內容，並同意本人資料依上述範圍內使用。

＿＿＿＿＿＿＿＿＿＿（簽名）

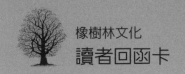